MARICA BODROŽIĆ

MYSTISCHE FAUNA

Von der Liebe der Tiere

Matthes & Seitz Berlin

I

SCHWELLEN-ERLEBNISSE

Die Tiere sind dort, wo die Menschen nicht sind. Ihre Erde ist unsere Erinnerung geworden. Die Gegenwart übt deshalb in mir die Sehnsucht nach Verbindung. Das überzeitliche Gedächtnis, jenes hoch in die Träume aufschwingende Gebiet der Bilder, hat mich nicht vergessen. Es webt mich gemeinsam in die Schichten, Falten und Täler des Lebens ein. Im kostbaren Verbund mit den Tieren erzählt es mir damit auch mein eigenes Sein und zeigt, dass ich als Landschaft in Landschaft eingebettet bin, vielfach geschichtetes Gewebe von Zeit und Raum. In einer lauter werdenden Welt reduziert sich unsere kollektive Wahrnehmung von Leben mehr und mehr auf einen kühlen Singular. Doch die verflochtenen Beziehungen aller Lebewesen sind nie aus der Welt verschwunden, sie haben nur keinen Platz mehr in unserem Kopf. Das Leid der Tiere erinnert mich am schmerzlichsten daran, dass nichts voneinander getrennt ist. In einem durchgetakteten Alltag, der ein auf Effizienz ausgerichtetes Denken aufzeigt, erscheint in unserer Kultur die künstlich von den Tieren und der Natur abgetrennte Wirklichkeit als die einzig mögliche. So aber machen wir uns selbst zu Handlangern unserer gekaperten Empfindungswelt, die, dieserart geleugnet, nicht mehr in unsere Sprache vordringen kann, um einem mehrspurigen Fühlen und Denken zuzuarbeiten. Die Tiere meines Lebens haben in mir das überzeitliche und in Verbindungslinien aufgebaute Gedächtnis vor dem Vergessen beschützt. Pferde, Esel und Kühe, Katzen, Hunde und Schafe haben mich mit der Wärme ihres Atems und mit ihrer bedingungslosen Anwesenheit auf der Seite des Lebens gehalten, als die nächsten Menschen mich im Stich gelassen haben.

Ich wuchs bis zu meinem neunten Lebensjahr ohne Eltern auf. War ich allein? Nein, ich hatte erwachsene Menschen an meiner Seite, aber sie waren nicht auf die Weise der Tiere von Anfang an bei mir. Schon seit vielen Jahren drängen die Tiere deshalb in meine Sprache und wollen als »Behältnisse des Vergessenen«, so eine Formulierung von Walter Benjamin, aus dem Schatten der Welt heraustreten und in meine Gegenwart hineinsprechen. Das Unendliche denkt in Verbindungslinien. Die Tiere haben für mich darin einen festen Platz. Ich bin bereit, mitzudenken, ins Offene zu gehen, dem Unendlichen ein Boot zu bauen. Die Tiere sind Anwesenheit im Zeitlosen. Sie sind Teil einer universalen, keiner beliebig manipulierbaren Kraft, und mit Ehrfurcht schaue ich an dieser Quelle des Lebens entlang zurück in meine Kinderzeit, hinein ins Jetzt und nach vorne in eine Zukunft, die mich kennt, ohne mir gleich zu erzählen, wer ich einmal gewesen sein werde, wenn ich diese Reise ins innerste Reich der Tiere und in mein eigenes Zentrum vollzogen habe. Wohin auch immer ich sehe, die Anwesenheit der Tiere sieht dabei zurück, tastet mich ab und sagt: Du bist, weil ich bin, und ich bin, weil du bist, wir sind eine Sprache.

Die Sprache will zunächst nichts dafür haben und sorgt sich nicht um Besitzverhältnisse. So ist auch die Identität keine Sache des Habens, sondern eine des Fließens, eine des Gewendetwerdens und des daraus entstehenden neuen Schauens. Die Sprache ist meine Lehrerin im Zustand der Spiegelungen, sie ist ein Bergsee, in dem nichts voneinander getrennt ist, Obenunten, Untenoben, Hierdort, Dorthier. Alles in der Natur spricht als das Nicht-zu-Vereinnahmende. Auch dann, wenn wir es vereinnahmen und in Besitz verwandeln. Die Tiere erzählen mir von diesem mystischen Paradoxon. Und wenn es mir gelingt, in Ruhe wirken zu lassen, was sie mir wortlos sagen, kann ich anders atmen. Wenn ich anders atmen kann, berührt mich Wissen. Das Wissen in mir lenkt meine Aufmerksamkeit zu einem frühen Sommermorgen meiner dalmatinischen Kindheit im Karst. Wieder einmal hatte ich im Hinterland die Kühe zur Weide getrieben. Das Dorf lag still in der Ebene. Kaum jemand war wach. Die Kühe hatten mich erwartet, und ich sah nicht nur das, sondern auch, dass sie mich mit ihrem Körper sehr genau wahrnahmen. Sie lasen mich wie ein Buch und reagierten auf jede innere kleine Regung, auch auf jeden Gedanken, der in mir aufstieg. Ohne dass ich etwas aussprach, hatten sie es schon erfasst. Ihre Augen hatten eine Tiefe, die mir auch schon bei einigen Menschen im Dorf begegnet war, aber seltener. Die Blicke der Tiere zeugten von einer Unverstelltheit, die für mich bis heute das Unzerstörbare ist und nach der ich mich in allen Begegnungen sehne. Noch nicht wehrhaft geworden in der Welt der logischen Argumente und Unterscheidungen in wertvolles und weniger wertvolles Leben, wurde meine Kindheit eine Einübung in die Liebe der Tiere. Das allumfassend Gegenwärtige, das aus ihren Augen unmittelbar direkt in mein Kinderherz sprach, lehrte mich, eine andere Wirklichkeit in mir selbst wahrzunehmen.

Mir fiel damals schon auf, dass die Menschen immer von ihrer Liebe zu den Tieren reden. Zeitgleich aber wurde mir eine andere Blickrichtung zuteil, die ich in der Liebe der Tiere spürte. Die Liebe eines Pferdes etwa ist von so feiner Präsenz, dass sie alles vibrieren lässt und im Zeitlosen aufhebt. Sie ist Verwobenheit von Wind, Körper und Blick, Wärme, Anwesenheit und Aura und fordert regelrecht die unbedingte Umkehrung der Liebesblickweisen ein. Was uns in der Kindheit als Raum der Verschmelzung begegnet, gerät mit der Zeit unter die Belagerung einer inneren Zementschicht der Logik. Der kulturelle Zwang, nur dieses Logische, nur das den äußeren Sinnen Zugängliche und rational Erklärbare als die einzige Wirklichkeitsform gelten zu lassen, entwickelt starke Sogkräfte, die in uns darauf beharren, die einzig mögliche Realität zu sein. Wer aber einmal den Blick der Tiere als lebendige Mitteilung und bedingungslose Anwesenheit erlebt hat, der wird immer wieder in sich selbst an diese andere Art zu leben erinnert werden. Diese Erinnerung ist schon ein Gespräch mit dem Lebendigen.

Angesichts der eigenen Ausgesetztheit und Verletzlichkeit führt mich der Austausch mit dem zeitgleich Sichtbaren und Unsichtbaren in tiefsten Momenten der Verbindung zum Nachdenken über drei Fragen: Was ist Leben? Wie teilt es sich mit? Und was macht mein Selbst darin aus? Diese drei Fragen sind drei Tore, die sich in mir im Laufe der Zeit von allein erbaut haben, vor allem in Momenten, in denen ich Gewalt erlebt oder bezeugt habe. Ich habe dabei auch in größter Erschütterung gesehen, dass die Gewalt nie die tiefste Schicht des Lebens übermalen und die Präsenz des Lebens nie vollständig ausgelöscht werden kann. Als Kind musste ich viele Male sehen, was Menschen Tieren antun können. Und ich habe später als Heranwachsende erlebt, dass sie bereit sind, das Gleiche den Menschen anzutun. Um von diesen Schwellenerlebnissen erzählen zu können, muss ich zu den Bildern der Kindheit reisen, die lange in mir eingefroren waren und die mir jetzt, vom durchdrungenen Leid der Tiere kommend, mein eigenes Leben erzählen. Auch berichten mir die Tiere dabei von meinen ersten inneren Konflikten. Sie zeigen zum einen den einst lebendig erfahrenen Atem der Tiere, aber machen mich auch auf meine eigene Eingebundenheit aufmerksam, wenn es etwa um ihren Körper ging, der als Wurst auf meinem Teller landete. Wissen und Gewissen brauchen lange, um sich als Entschiedenheit abzusenken. Jeder Mensch hat dabei einen eigenen Weg und er ist dieser Weg. Jenseits von Bewertungen erscheint es mir wichtig, aufrichtig mich selbst im Zustand des Fragens und der sichtbar gewordenen Spiegelungen zu sehen, die oszillierenden Sprünge im Geist, die Bedrückung und den Druck im eigenen Körper zu verstehen. All das damit Erkannte gilt nur mir selbst, denn ich möchte niemanden verurteilen, der beispielsweise Fleisch isst – es könnte auch mir widerfahren. Die Wahrheit im Singular gibt es nicht. Doch es gibt Erzählungen und Geschichten unseres Lebens, die sich ein Haus in der Literatur wie in unserer Seele bauen können. Meine Hinwendung zur Liebe der Tiere ist ein Betreten und Bauen der Räume, die dieses Haus ausmachen und eine Initiation ins verbindende Sehen sind.

Ich erinnere mich genau an die vielen unruhigen Tage, an denen die Vorbereitungen für die Schlachtung der Tiere alles auf unserem Hof bestimmten. Die Schweine zum Beispiel wussten, dass sie getötet werden würden. Die Nacht zuvor bewegten sie sich im Stall voller Unruhe umher. Ich hörte durch die Dunkelheit ihre Angst und wurde von ihrer Rastlosigkeit erfasst. Damals lernte ich, dass nicht nur die Tiere, sondern auch wir Menschen auf weite Entfernungen hören können. Bis in die frühen Morgenstunden konnte ich nicht einschlafen, weil ich diese Sprache der Bedrängung verstand, diese tonalen Botschaften lebender Wesen, die um ihren eigenen Tod wussten. Wenn im Herbst als Erstes die Schweine mit dem Schlachten dran waren, hörte ich die ganze vorherige Nacht ihr Heulen und Kratzen an der Stalltür. Das legte sich als Not auf meine Lungen. Das Ein- und Ausatmen fiel mir schwer, wie es wohl auch allen Tieren ging, die zur Schlachtung vorgesehen waren. Aber auch den anderen, die noch leben durften, wird es ähnlich ergangen sein wie mir. Über einen langen Zeitraum hinweg hatte ich den Schweinen mit meinem Großvater mehrmals am Tag das Futter gebracht. Wir hatten es mitten auf dem Hof aus Gemüseresten auf offenem Feuer in einem riesigen Blechtopf gekocht, in dem jetzt die großen Messer lagen. Vor den Schlachtungen besorgte Großvater kiloweise grobkörniges, in braunen Säcken verpacktes Salz und baute Holztröge, in denen später die toten Tiere eingesalzen wurden und wie in einem Sarg lagen, trostlos bleich und so unbeweglich, als hätten sie nie gelebt. Tagelang roch ich noch die mit einem Feuerzeug versengten Haare der Tiere. Ihr Blut klebte mir lange unter den Nägeln. Die Freundschaft war vorbei. Die Augen, die mich monatelang angeschaut hatten, leuchteten nicht mehr. Jetzt wurden die Tiere zu Fleisch verarbeitet und ich musste mitmachen. Ich kam nicht auf den Gedanken, mich dagegen zu wehren. Später, als meine Verwandten lachend am Tisch saßen und die Augen der Tiere in der Suppe aßen, zitterte ich am ganzen Körper.

Großvater rief immer nach mir, wenn das Lavabo zum Einsatz kam. Meine Aufgabe war es, darin das frische Blut der Tiere aufzufangen. Vorher musste ich das Lavabo gut reinigen, mit heißem Wasser ausspülen, das ich eigens dafür aus der Zisterne holte und auf dem Herd aufkochte, da wir kein fließend Wasser hatten. Für außerordentliche Sauberkeit zu sorgen, wurde mir überantwortet. Die Blutwurst musste gelingen. Ich sehe, wenn ich daran zurückdenke, noch immer den Dampf vor mir, der von den Tierleibern in die herbstliche Luft entwich. An die roten Blutspritzer auf meinen Schuhen kann ich mich auch noch erinnern. Das Rot ging wochenlang nicht mehr weg und sprach zu mir von der Überwältigung, die nötig war, damit dieses Rot aus dem Inneren der Tiere das Äußere der Welt und meine Schuhe beschriften konnte, wie ein Maler ein Gemälde malt. Die Tiere ließen sich nicht einfach so töten. Sie wehrten sich, sie kämpften, sie stemmten sich mit der ganzen Wucht gegen den Tod, ihre Körper wollten leben. Mehrere Männer waren aus dem Dorf gekommen, um Großvater zu helfen. Sie alle hatten ihre eigenen Schlachtermesser mitgebracht und hielten sie bei ihrer Ankunft waffengleich in den Händen. Die Messer waren sehr lang. In meiner Erinnerung leuchten sie wie gefährliche Schwerter, die die Luft in eisige Schnittstellen des Todes einteilten, bevor sie sich an die Arbeit mit den Tierleibern machten. Zwei Männer hielten die Schweine an den Vorderbeinen, zwei an den Hinterbeinen fest und schwenkten sie dann zeitgleich mit einem Ruck zur Seite. Kaum lag das Tier auf der Erde, versuchte es sogleich, sich wieder aufzurichten, und wurde wieder umgeschmissen. Das ging eine lange, lange Zeit so. Ein Aufprall folgte auf den nächsten, bis irgendetwas im Körper der Tiere zermürbt wurde und sie wie zu beschließen schienen, sich nicht mehr zu wehren und sich den Männern zu ergeben. Ihr Wille starb, bevor ihre Körper sich ergaben. Die Dörfler lachten, sie riefen sich ermutigende Worte zu und knieten nun auf dem reglosen Tier, diesem entmachteten Wesen, das der Kraft der starken Männerbeine ausgesetzt und ihnen vollends ausgeliefert war. Ich stand die ganze Zeit über an der Schwelle unseres Hauses und sah mir an, wie die Tiere um ihr Leben kämpften. Meine Knie zitterten, der Schwindel nagte an mir, aber meine Augen schauten nicht weg. Ich stand wie festgefroren an der Schwelle und wurde selbst zur Schwelle, ich sah, nahm wahr und vergaß nie das Gesehene und Wahrgenommene. Es wurde Teil meines inneren Lebens. Ich hatte Schritt für Schritt gesehen und gelernt, was Töten ist. Ich hatte gesehen, wie es sich vollzog, was dafür nötig war, damit es geschehen konnte. Damals wusste ich nicht, dass ich etwas Wichtiges für mein eigenes Leben gelernt hatte und dass mich das Gelernte eines Tages beschützen würde. Die Schwelle ist seit meiner Kindheit ein Ort des Bewusstseins. Sie verbindet mich mit meinem Wissen, aber auch mit meiner Angst, mit dem Wunsch, sich der Angst zu ergeben, das Gesehene schnell irgendwie wieder zu löschen. Doch die Schwelle selbst hat Augen. Innen und außen verbindet sie mich mit dem Gesehenen und ist deshalb ein Ort der Kraft, der Selbstermächtigung und der Möglichkeit, dem Gegebenen nicht auszuweichen. Die Schwelle ist ein Ort des Bleibens, ein Ort des Sehens, ein Ort des Fühlens. Bleiben, Sehen und Fühlen sind Wissen. Das Niedergestrecktwerden der Tiere war eine erste große Erzählung der Schwelle, eine Initiation in die Übergänge zwischen Leben und Tod, die es überall, wo Lebendiges aufeinandertrifft, zu bezeugen gibt. Später, als ich selbst Gewalt erlebt habe, konnte ich innerlich zur Schwelle gehen und von dort das Sehen noch tiefer erlernen, ohne mich selbst zu verlieren.

Als die Tiere zerteilt und für Wurst, zum Räuchern, Einfrieren oder gleich zum Kochen zurechtgeschnitten wurden, gingen mir die in ihrem Tod erlebten Blicke nicht mehr aus dem Sinn. Erstarrt stand ich vor der Haustür, Großvaters Stimme hatte mich aufgeschreckt. Schnell nahm ich das weiße Lavabo in die Hand und ging zu den hingestreckten toten Leibern der Tiere. Wie man es mir sagte, fing ich folgsam das Blut darin auf. Rot leuchtete das Lavabo nun. Mit diesem nirgendwo sonst vorhandenen Rot auf weißer Emaille vertiefte sich das neue Schwellenbewusstsein und wurde mit der Zeit eine Einübung in ein neues Sehen. Es schien mich auf seltsame Art zu beschützen. An der Schwelle befinde ich mich seitdem innerlich sehr oft, wenn ich beispielsweise Zeugin von etwas werde, das mir missfällt, das mich bedrängt und das mein Körper als Zumutung erlebt. Selbst wenn ich nach dieser Einweihung in die Wirkkraft der Schwelle bei etwas geschwiegen habe, das mir nicht gefiel, tat ich es nicht im Einverständnis damit. Ich schwieg auf die gleiche Weise wie damals bei der Schlachtung der Tiere, schwieg, weil ich nun wusste, dass ich vorerst nichts am Gegebenen ändern konnte. Die Schwelle ist für mich bis heute ein Ort der inneren Handlung. Ich suche die Schwelle und die Schwelle findet mich. Manchmal muss auch gesprochen, muss auch mit der Stimme und mit dem eigenen Leben gehandelt werden. Doch auch das kommt für mich aus der Mitteilung der Schwelle, aus dem genauen Sehen, Eingewobensein und aus der Empfindung, die aus dem Bezeugen entstehen.

Die Blicke der sterbenden Tiere schnürten mir die Kehle zu. Auch nach der Schlachtung halfen sie mir, in einer Gegenwärtigkeit anwesend zu sein, die eine wichtige Weiche für meine Zukunft stellte. Die verschmelzende Zeit offenbarte sich mir mit den Jahren als ein Leitmotiv meiner inneren Landschaft. Selbsttätig machte sie damals auf sich aufmerksam. Auf welche Art und Weise Ambivalenz lehrreich und wichtig ist, zeigte sich mir einige Zeit nach der großen Schlachtung der Tiere und wiederholte sich Jahr um Jahr. An der Schwelle stehend hatte ich die Männer und ihre Messer verabscheut. Das warme Blut klebte mir später als eine übel riechende Erinnerung nicht nur an den Fingern, sondern schien alle meine Schritte zu begleiten, und mitleidsvoll sah ich nun die noch lebenden Tiere an, deren Schicksal schon lange beschlossen war. Es war nur eine Frage der Zeit, bis auch sie sich den Menschen als Fleisch hinzugeben hatten. In diesem Erkennen brach die Welt der Einheit im Zusammenleben mit den Tieren für mich zusammen. Nichts war mehr selbstverständlich. Der Schmerz um den Verlust der Tiere blieb steter Begleiter und wurde Teil meiner Wahrnehmung, die mir von der Vergänglichkeit und den Kreisläufen des Lebens erzählte. Nie kann ich in einem Laden an einer Fleischtheke vorbeigehen und nur das Wort Fleisch denken, es denkt sich immer der Satz in mir, dass da Tiere liegen. Tote Tiere. Und ich mag den Geruch toter Tiere bis heute nicht. Wenn ich ihn rieche, gehe ich schneller, ich setze mich in Bewegung und flüchte. Mein Körper kennt das, er weiß, was zu tun ist. Und ich folge dem Impuls, den er mir zuspielt, und gehe weg.

In der Kindheit aber landete der unaushaltbar scheinende Schmerz auch auf meinem Teller als Fleisch. Den Geruch hatte ich damals in Kauf genommen. Oder er war schneller verflogen. Fiel es mir leichter, die Tiere zu essen, weil ich selbst beteiligt war? Aus irgendwelchen Gründen musste ich bei allem anpacken, was mit Blut und Darm zu tun hatte. Die Weichheit und Biegsamkeit der Tierreste, diese eigenartige Textur, aus der sich all das machen ließ, verwunderte mich und versetzte mich in eine erhöhte Aufmerksamkeit. Zuvor hatte ich den Darm ausgekocht und von den Überresten gesäubert. Meine Hände und ich waren die Schnittstelle zwischen dem lebenden und dem toten Tier. Das weiße

Lavabo brachte ich unzählige Male blutrot in die Küche und kam damit und mit den nun gereinigten Gedärmen zurück auf den Hof. Auf diesen Gängen zwischen Hof und Küche schrieb sich alles andere zeitgleich Stattfindende als ein großes Jetzt in mich ein. Die Wolken, der Himmel, das Gras, die Bäume, meine Schritte, jedes Geräusch, das Heulen der Hunde, die Arbeit der Vögel, die Wörter, die Zurufe der Männer, der Dampf des heißen Wassers, all das wurde Teil einer in mir sprechenden Landschaft. Anfangs hatte ich geglaubt, im Darm der Tiere ihr Essen vom Vorabend zu sehen, Maiskörner, Teile von Kartoffelschalen, Karotten und Reiskörner. Schnell aber war nun alles sauber. Doch mein Gedächtnis ließ sich nicht wegwaschen. Ich stopfte mechanisch das mit allerlei anderen Resten vermengte Blut stundenlang in die Gedärme rein. Zerhackt und mit Blut vermengt kam eine lange und dicke Wurst zustande, die den Namen *sudžuk* trug. Im Räucherschuppen hing sie bald direkt neben dem von allen begehrten Schinken und bedurfte meiner weiteren Zuwendung. So wie ich monatelang für das Füttern der Tiere zuständig war und wie ich die Würste gestopft hatte, war ich nun zuständig für das Räuchern.

Jeden Morgen machte ich Feuer und räucherte so lange das abgehängte Fleisch und die Würste aus, bis sie essbar waren. Hatte das Fleisch eine bestimmte Farbe angenommen, ließ Großvater mich wissen, dass es genießbar und das morgendliche Feuermachen an sein Ende gekommen war. Während der kleinen Abläufe bei der Räucherung des Fleisches blieb eine merkwürdige Verbindung zu den Körpern der Tiere in mir erhalten. Ich glaube, ich habe in den ersten Tagen immer versucht, die Körperteile der Tiere in ihre ursprüngliche Gestalt zusammenzusetzen, ich weigerte mich, Schinken zu etwas zu sagen, das vorher ein Bein war. Aber irgendwann biss ich genauso hemmungslos in das geräucherte Fleisch wie Großvater und alle anderen im Dorf. Die Einverleibung der Tiere fiel mir kein bisschen schwer. Ich hatte Hunger. Die alchemistische Verwandlung des Schwellenbewusstseins ging in einen neuen Kreislauf des Seins über, der mich, solange ich nicht in die Augen der Tiere sah und die Wärme und die Freundlichkeit ihrer Körper spürte, nicht bedrückte.

Meine ganze dalmatinisch dörfliche Kindheit über bewegte ich mich zwischen diesen beiden Polen des Lebens und des Vergehens. Im Alter von neun Jahren zog ich von Dalmatien nach Hessen zu meinen Eltern. Ich aß das Fleisch der Tiere noch lange als Erwachsene, hörte aber eines Tages plötzlich damit auf, als ich von zu Hause auszog. Mein Vater hatte sich fast ausschließlich von Fleisch ernährt und meine Mutter schlachtete in unserem hessischen Badezimmer hin und wieder Hühner, wovon noch die Rede sein wird. Ich erinnerte mich an die Schlachtungen der Kindheit, die hier, in einem kleinen deutschen Badezimmer, etwas Unwirkliches an sich hatten. Nach meinem Fortgehen von zu Hause traf mein Körper eine Entscheidung, die ich nicht infrage stellte. Manchmal esse ich heute noch Fisch, selten zwar, aber nicht ohne Faszination, und im Hinblick auf meine Kindheit stelle ich fest, dass ich den Fisch am liebsten geräuchert mag. In Mecklenburg, wo ich heute mit meiner Familie viel Zeit in unserem kleinen Weiler am Rande der Seenplatte verbringe, strömt mit dem Geruch der dörflichen Fischräuchereien der Geruch der kleinen Jahre zu mir. Und während ich durch die Endmoränenlandschaft fahre, sehe ich mich mit meinem Großvater durch die Macchiafelder ziehen, um in den nahe gelegenen Wäldern Holz zu sammeln, mit dem wir uns für die Herbst- und Wintermonate eindeckten, um die Würste und den Schinken zu räuchern. Diese Gerüche bündeln wichtige Teile meines Lebens und reichen in meiner Erinnerung in weit entfernte Räume kondensierter, mit den Tieren verbundener Zeit, die das chronologische Element in sich auflöst. In dieser Sphäre der Überzeitlichkeit sind ihre Körper stets dann in meinem Leben anwesend und sprechen zu mir, wenn ich selbst gerade etwas nicht genau sehen oder einen Schmerz nicht erinnern kann, ihn nicht zulassen kann, da noch nicht der Moment gekommen ist, um ihn in Gänze meistern zu können. Doch gibt es so etwas wie ein vorbereitendes Momentum, das meine innere Landschaft langsam weitet und wie Erde umpflügt. Ich werde dann in eine Art Garten des in mir tätigen Bewusstseins eingeschleust, und eine neue seelische Zeit des Erkennens stößt mich auf ein unbekanntes Terrain. Das führt Denken, Fühlen und Erkennen zusammen und bildet eine neue Schwelle in mir, eine neue Möglichkeit, mich selbst besser zu sehen und zu entwickeln. Von dort erkenne ich mehr und mehr die Einheit aller Vorkommnisse, die nur scheinbar unterschiedlichen Sphären entstammen. In Langsamkeit entsteht ein Sehen in Verbindungen. Es zeigt mir, wie alles miteinander in Beziehung steht und dass Zufälle eine Sprache haben, die ich entschlüsseln möchte. In einer solchen Zeit verdichteter

Mitteilungen lebte ich gerade auf La Gomera. Auf dieser vulkanischen Insel nahe der marokkanischen Küste verbrachte ich über zehn Jahre hinweg immer wieder mehrere Monate, manchmal im Winter, manchmal im Sommer. Eines Tages kam dort ein Hund in mein Leben. Er war fast schwarz und klein und hatte ein so waches Gesicht, dass ich ihn sofort liebte. An einigen wenigen Stellen hatte er weißes Fell und sah aus wie eine Landkarte, von der ich mich betrachtet fühlte. Obwohl das Tier sich bald schon als ein Mitarbeiter meiner Erinnerung entpuppte, war es und ist es immer nur es selbst gewesen. Der Hund entzog sich meinen menschlichen Deutungen und Auslegungen und dennoch konnte ich ihn nicht getrennt von mir sehen. Mehr als ein Tier war der Hund trotzdem für mich, ich nahm ihn als Verbündeten wahr, als einen mir zum richtigen Zeitpunkt zugespielten Gefährten, der mich kannte. Ich nannte ihn Inselito und er veränderte mein Leben. Mir fiel auf, dass damals Calima, der vom afrikanischen Festland kommende Saharawind, im Anflug war, er brachte roten feinen Staub mit, der sich auf alles legte. In mir stieg gleich bei der ersten Begegnung mit Inselito ein Gespür für die Herausforderung auf, in die gestellt ich mich unversehens sah. Denn als ich gefragt wurde, ob ich ein paar Wochen auf ebendiesen Hund aufpassen wollte, zögerte etwas in mir, obwohl ich es zeitgleich unbedingt machen wollte. Wieder spielte mir diese Vulkaninsel, auf der sich schon vieles für mich entschieden hatte, etwas Wichtiges zu.

In dem kleinen Dorf Lepe oberhalb von Hermigua hatte ich mit Blick auf den Berg Teide und die gegenüberliegende Insel Teneriffa meine ersten Geschichten und Gedichte verfasst, die aus dem Blau des Meeres und dem Blau des Himmels meine Fingerkuppen anfunkten. Tastendes kam in Leben und Schrift hinein, begleitet vom vulkanschwarzen Sand, der in seiner Schönheit im farblichen Kontrast zu der Fülle und überbordenden Schönheit der kanarischen grünen Üppigkeit und Blütenpracht stand, zu den violettfarbenen Blüten der Bananenpflanze, aus denen die prallen Früchte erst grün heranwuchsen, dann irgendwann paradiesisch goldgelb herausleuchteten. Mein erstes Buch hatte ich hier geschrieben, meine ersten eigenen Gedanken hatte ich hier formuliert, gespürt, dass ich ein freier Mensch war und andere Möglichkeiten hatte, mein Leben zu leben, als es meinen Vorfahren vergönnt war. Ebenso hatte ich hier meine ersten Versuche unternommen, in mich hineinzusehen, mich der Angst zu stellen, die seit Kindertagen in mir wohnte, mehr noch, die Generationen in mir bündelte und die mich zu einer Schnittstelle zwischen den Zeiten machte. Eine lebensverändernde Beziehung mit Carlos hatte mich das erste Mal dorthin geführt, und schon damals fiel mir auf, dass ich in einem Haus lebte, das früher die Schule des Dorfes gewesen war. Um uns herum bellten die Hunde und die Katzen streiften durch die winzig kleinen Gassen umher und sahen sich die Zugereisten besonders genau an. Der Wind, der Regen, das Meer, alles hatte ein eigenes Geräusch und eine eigene Farbe und umsäumte mich so, wie eine Mutter ihr Kind umarmt. Für mich wurden La Gomera und das Haus in Lepe eine Schule für mein eigenes Leben, und der Garten ist es bis heute, obwohl ich nun schon über zwanzig Jahre nicht mehr dort gewesen bin, spricht er in seinen Farben und Früchten zu mir. Als ich Carlos verließ, endete aber mein Inselleben keineswegs.

Bald darauf kehrte ich zurück, zu den Tieren der Insel, zu den Menschen, zu Wind und Meer, zum Gesang der Wellen und dem Blau, dem Grün, dem Liebesraum der Farben, die sich tief in mich gelegt hatten. In den Jahren des dortigen Seins hatte ich mich mit vielen Menschen angefreundet, unter anderem mit Micha und Barbara, einem älteren Ehepaar, das in Agulo, einem Dorf oberhalb von Lepe lebte, wo ich die ersten Jahre auf der Insel verbracht hatte. Sie luden mich ein, die Wintermonate in ihrem schönen geräumigen Haus zu verbringen. Ich sparte für mein Flugticket und reiste von Paris an, wohin ich regelrecht geflüchtet war, als ich Carlos verlassen hatte. Aber eine Stadt ist kein Versteck, in dem die Seele dich nicht findet. Micha und Barbara halfen mir dabei, von meiner Innenwelt gefunden zu werden. Meine Freunde kamen über die Wintermonate aus den USA, sie lebten in der Nähe von Madison, Wisconsin, und flogen regelmäßig von Chicago über den Atlantik nach Spanien, um Temperaturen von bis zu minus dreißig Grad zu entkommen.

In einem dieser Winter, in denen wir wieder einmal in ihrem Haus freundschaftlich miteinander lebten, zusammen kochten und manchmal auch meditierten, bekamen Micha und Barbara einen Anruf aus dem Süden der Insel. Im Valle Gran Rey, im Tal des Großen Königs, waren sie mit einer englischen Krankenschwester namens Lucy befreundet. Lucy lebte mit ihrem Hund in einem kleinen Haus, mit Blick auf das fruchtbare, wahrhaft königliche Tal – beschirmt von großen Palmen, die gebieterisch der Hitze und dem Wind standhielten. Lucy hatte einen Vertrag mit einer Agentur und befand sich im Bereitschaftsdienst als Privatkrankenschwester. Sobald jemand in England aus irgendeiner reichen Familie ihre Hilfe brauchte, wurde sie von der Agentur angerufen. Ich weiß nicht mehr genau, ob sie Tag und Nacht bei den Patienten sein musste und ob sie bei den Leuten wohnte, die sie versorgte, aber sie flog regelmäßig nach London, blieb dort ein paar Wochen und sicherte sich damit für ein paar Monate ihren Lebensunterhalt auf der Insel. Manchmal verdiente Lucy so viel Geld, dass es ihr für ein ganzes Jahr auf La Gomera reichte. Dieses Mal war der Anruf von größerer Dringlichkeit als sonst. Sie musste schon am nächsten Tag nach England aufbrechen, ihr Auftraggeber hatte ihr bereits einen Flug von Teneriffa nach London gebucht, allerdings in den ganz frühen Morgenstunden. Um den Flug nehmen zu können, blieb ihr nichts anderes übrig, als sofort ihre kleine Reisetasche zu packen und die Fähre nach Teneriffa zu nehmen. Als Lucy schon auf der Fähre saß, rief sie meine Freunde Micha und Barbara an. Ihren Hund hatte sie allein im Haus gelassen und jemand musste sich seiner annehmen.

Auf der Insel hatte sich unter den ausländischen Insulanern herumgesprochen, dass ich wieder da war und mehrere Monate bleiben würde. Lucy fragte meine Freunde, ob ich bereit sei, für ein paar Wochen in den Süden der Insel umzuziehen und auf Hund und Haus aufzupassen. Lucys Anruf war an einem sehr regnerischen Tag im Norden der Insel gekommen, und obwohl ich mich gerade erst bei Micha und

Barbara eingerichtet und mit dem Schreiben eines neuen Buches begonnen hatte, verlockte die Sonne mich. Ich packte meinen Koffer, schnappte meinen Rucksack und Barbara brachte mich mit dem Auto in den Süden. Sie musste gleich weiter zu einer Verabredung fahren, also ließ sie mich in einer Kurve kurz vor dem Ortsteil El Guro in Los Granados aussteigen und ich machte mich auf die Suche nach Haus und Hund. Ein leichter Wind wehte, eine schöne erhabene Palme rauschte in der Höhe, der Himmel war blau und alles erschien in hellgleißendem Licht, sodass ich erst einmal meine Sonnenbrille aufsetzen musste. Der Schlüssel lag unter einem großen Stein am Eingang, ein paar prachtvolle Sukkulenten grüßten mich schon in tiefem Grün.

Ohne es damals zu wissen, trat ich in diesem Augenblick unweigerlich in einen luziden Bereich der Wirklichkeit ein, eine Art ureigene »Traumzeit«, die vernäht war mit allem, was die innenkundige Bildwelt mir damals zuspielen konnte. Es stellte sich heraus, dass das nur der Anfang einer großen Umpolung war und dass sie mir damit etwas Herausforderndes schenkte. Ich hatte mich schon während meines Studiums der Kulturanthropologie und Europäischen Ethnologie mit der Traumzeit der australischen Ureinwohner beschäftigt, kam aber erst bei diesem Inselaufenthalt darauf, die Vorstellung von einer fließenden Zeit und einem schöpferischen Raumgefühl auf mich selbst anzuwenden. Davor hatte ich Verwebungen von Zeit und Raum lediglich als Konzepte anderer und vornehmlich indigener Kulturen gedacht. So hatte ich es mehr oder weniger an der Universität, vor allem aber im Westen Europas gelernt. Inselito sorgte dafür, dass ich dieses trennende Denken aufgab und mich selbst als ein ethnologisches Territorium, als meine eigene *terra incognita* verstand. In meinem Inneren entdeckte ich labyrinthische Wege, Abgründe, kulturelle und religiöse Vorstellungen, Ängste, Verzweigungen von tiefen Empfindungen, Hinweise auf schmerzliche Erfahrungen und einst notwendige Verdrängungen. Das Labyrinth spielte mir zudem schon bald das Wissen um gemischte Seinsweisen und Identitäten zu. Das Gedicht *Anthropologische Erdkunde* der russischen Lyrikerin Jelena Schwarz bringt diese Erfahrung des geistigen Schwebens zum Ausdruck, wenn es vom Menschen als einem ans Meer grenzenden Wesen spricht.

Wie Schwarz' lyrisches Ich fühlte auch ich mich damals wie ein fremdes Land, war Wohnstatt von Flüssen und Bergen und in mir schlummerten Erze und Tiere. Ich fühlte, vom Wasser dieser winzig kleinen Insel umgeben, dass alles fließt und dass alles Lebendige durch das fließende Momentum bestimmt wird. Dieses Wissen wartete nicht etwa deshalb geduldig am tosenden Atlantik auf mich, um mich dann klüger, erfolgreicher oder reifer zu machen, sondern um mich im richtigen Augenblick in den unvermeidlichen Schmerz zu stoßen, der mir alle meine Gewissheiten rauben und mich radikal befragen würde. In diesem Zustand der Verletzlichkeit wurde mir eine andere Zeiterfahrung zuteil, in der die Wirklichkeit sich vielschichtig zeigte. In ihr gab es mannigfaltige Erscheinungsformen. Das Vergangene und das Gegenwärtige bündelten sich neu. Es entstand Raum für ein schöpferisches Dazwischen. Schwerlich lässt sich das auf die beiden Seiten der imaginären Linie verteilen, durch die unsere äußere Logik reflexartig Natur und Kultur voneinander trennt, wie es einmal der französische Ethnologe Philippe Descola über gemischte Identitäten gesagt hat. Die Zwischenräume selbst sind ein verbundener Raum für unterschiedliche Elemente der Wahrnehmung. Nach Descola sind beispielsweise darin Namen, Erzählungen und verschiedene Seinsweisen ebenbürtig vorhanden. In seinen Untersuchungen trennt er Kultur und Natur nicht voneinander. Gegebene Verbindungen kann ich nicht wahrnehmen, wenn ich in Trennungen denke. Die so versäumten Wege sind keine sicheren Trampelpfade, sondern verpasste Visionen. Jeder Mensch muss sie erst einmal in sich selbst und gegen den Widerstand unserer Kultur *abgehen*. Gelingt es mir, diesen Widerstand zu überwinden, erlange ich einen anderen Blick auf das Leben und kann mir dann auch erlauben, jenseits von Natur und Kultur ein authentisches Selbst zu haben. Doch als ich auf Inselito aufpassen musste, war ich noch weit davon entfernt, mich mit mir selbst wohlzufühlen. Meine Tage mit Hund im Süden der Insel begannen mit einer Erinnerung an Chio, den Hund aus meiner dalmatinischen Kindheit, diesen Mitschreiber an meinem Gedächtnis, ohne den meine ersten Jahre nicht zu denken sind. Kaum hatte ich die Schwelle von Lucys Haus betreten, kam die Erinnerung an Chio wie ein Kind zu mir.

Der neue Hund, dessen Namen mir niemand verraten hat und den ich einfach vom ersten Augenblick an im Tal des Großen Königs Inselito nenne, blickt mich an und erzählt mir in diesem Angeblicktwerden von Chio etwas Wichtiges. Dieses Etwas ist tief in der schmerzverzahnten und nach innen verlagerten Zeit versteckt. Während Inselito mich in seine Welt einschleuste, baute Chios Auftauchen eine Brücke zu dem Versteck. Im tiefsten und besten Sinne war das eine Zumutung, und ich konnte sie zum ersten Mal für mich benennen: Ich sah etwas und es veränderte mich. Was sah ich mit diesen beiden Tieren? Was zeigte Inselito mir? Einen Weg in die Gegenwart, ins Jetzt der Zeit. Was zeigte Chio mir aus der Vergangenheit? Er zeigte mir seinen Kopf. Zuerst wollte ich nicht hinsehen. Alles in mir wehrte sich dagegen. Aber Chios Kopf schaute mich beharrlich an, der ganze Kopf, die Ohren, alles, das Fell und die Wärme seines Kopfes, alles schaute mich an, während in der Ferne der Atlantik leuchtete, der Berg Teide königlich über dem Meer thronte. Chios Kopf war weich. Chio hatte ein Gesicht. Ich schaute es mir an. Was stimmte daran nicht? Es fehlte in diesem Gesicht ein Auge. Wo war das Auge denn hingekommen? Warum fehlte es ihm? Inselito sah mich an, seinem Gesicht fehlte nichts. Weil in seinem Gesicht nichts fehlte, erinnerte sich die Erinnerung an den Hund, dem etwas im Gesicht fehlte.

Blitzartig sah ich eine große Hand vor meinem inneren Auge. Es war die Hand meines Großvaters. Ein großer schöner Stein war in dieser großen starken Hand. Gelbgrün durchsprenkelt war der Stein, von Kraut und Moos bearbeitet. Der Stein schlug zu. Immerzu. Schlug und schlug. Das Auge, voller Blut. Ich bin an der Schwelle. Da stehe doch ich an der Schwelle, sage ich mir, ich bin dort nicht unbekannt, es ist das Haus der Kindheit, da kenne ich mich und werde erkannt. Der Hund der Kindheit. Der liebste Mensch der Kindheit. Das Blut der Kindheit. Es ist Augenblut. Es ist

Chios Blut. Ich will nicht, dass es blutet, ich will nicht, dass es in mir noch einmal geschieht, dass mein Herz das sieht, was mein Auge gesehen hat, dieses Augenblut des Hundes, diese Not des Tieres. Doch mein Herz sieht es. Und mein Ohr hört ganz deutlich das heulende Tier. Das immer wieder aufheulende Tier. Das weinende Tier. Es leidet Not. Ich stehe an der Schwelle und sehe das. Und ich kann nicht helfen, ich bin ein Stein, ich bin versteinert, Moos und Farbe und Kraut und wilder Fenchel und der Feigenbaum und das pralle Kirschenrot, alles wächst über mich, ich verwachse darin, meine Ohren sind voller Farn, die Schwalben fliegen vorbei. Der Sommer grüßt, alles grüßt, Farben, Menschen auf der Landstraße, Schmetterlinge und Rosenkäfer. Aber ich grüße nichts, ich ziehe mich nach innen zurück, will nichts davon sehen und hören. Später erst gehe ich zum Hund und wasche ihm die Wunde aus. Großvater ist weg, wir haben jetzt Zeit füreinander. Großvater ist die Landstraße hinaufgegangen, er will Holz sammeln, sein Zorn hilft ihm wohl gut, Holz zu schlagen, ich wasche Chio mit Wasser und einem weißen Leinentuch das Auge aus. Das Tier schaut mich wissend an, dahinter der Berg, der Wald, nur mit dem einen Auge sieht es mich an. Es hat nur dieses eine Auge. Und mein Herz ist schwer wie ein Stein, ich kann es nicht ändern, dass das Auge jetzt allein und kein Plural mehr ist. Ich gehe zur Schwelle zurück, sitze dort mit angewinkelten Knien, bis es Abend wird. Großvater kommt nicht zurück. Ich gehe ins Haus, sperre mich in den Kleiderschrank meiner abwesenden Mutter ein und Chio weint und ich weine auch und irgendwann ist Nacht und ich höre die schwere Eingangstür.

Großvater ist zurück, ich hatte schon Angst, ihm sei etwas passiert. In der Nacht da draußen im Wald, hieß es ja immer, seien wilde Tiere, die könnten einem alles ausreißen, auch das Herz, die Zehen abbeißen, die aber noch dran sind. Alles ist noch dran an Großvater. Es gab keine wilden Tiere da draußen. Er ist wieder da. Wenigstens bin ich nicht allein.

So fing sie an, die Erinnerung an das Leiden der Tiere, an Chios Leiden. Es war auch eine Erinnerung an die Vermischung unserer Blicke, an den Austausch im Augenblick, während die Palmen auf der Insel rauschten. Dieses innere Sehen ging mit einem Gefühl der Verunsicherung einher. Chio, den ich zwar nie vergessen hatte, erzählte mir jetzt in einer neuen Deutlichkeit von seinem Leiden. Indem ich zu seinem Leiden vordrang, reiste ich zurück zu meinem eigenen Schmerz, zu meinen eigenen Empfindungen, die ich bis zu diesem Augenblick durchweg vergessen hatte. Von diesem Moment an dauerte es noch Jahre, bis ich in das Archiv der inneren Zeit eintauchen, aus dem Kleiderschrank der Mutter aussteigen und im freien Raum des Lebens Verbindungen sehen konnte. Inselitos Anwesenheit setzte dieses selbsttätige Sehen umstandslos ein. Es gab kein Zurück mehr. Chio und Inselito unterhielten sich jetzt in mir und zwangen mich, alles zu fühlen, was im Kleiderschrank der Mutter geblieben war, im Versteck des Verstecks, in das keine Schwäche eindringen konnte. Die beiden Tiere brachten es in ihrem Gespräch zustande, aus mir eine Betrachterin zu machen, die die Schwelle neu betreten konnte, an der sie gesehen hatte, wie ein Lebewesen einem anderen Lebewesen ein Auge ausschlägt. Mit einem Stein.

Dieses Zurückgebrachtwerden war kaum auszuhalten, ein Heulen entstieg jählings meiner Kehle, das mich selbst überraschte und von einer so starken Dringlichkeit war, dass ich mich fast anhörte wie Chio damals, als der Stein sein Auge traf. Ich drehte mich um und Inselito kam mit mir, ich ging aus dem Haus, ging drauflos, steckte mir den Schlüssel von Lucys Haus in die Hosentasche und war wie betäubt. Dankbar war ich für den Wind, für die tosenden Wellen am Atlantik, dankbar, dass ich nun weinen konnte, ohne von anderen gehört zu werden. Getroffen und gemeint vom bezeugten Leid des Tieres ging ich am Meer entlang und ließ endlich die Trauer zu, die so viele Jahre in mir eingesperrt war. Hunger oder Durst empfand ich keinen, ein Zeichen, dass ich außerhalb meines Körpers lebte, dass mein Körper im Exil war, während die Empfindungen sich in mir nach all den Jahren Gehör verschafften. Nach ein paar Stunden des Gehens löste sich etwas in mir auf, die Schwere, die auf mir gelastet hatte, war von mir gewichen, ich konnte endlich wieder durchatmen. Die Trauer aber blieb, sie ist heute noch da. Ich erlaube sie mir, sie ist meine Brücke zur Welt der Empfindungen, meine Verbindung zu einem Tier, dessen Blick glücklich aufflackerte, wenn es mich sah. Immer musste Chio an der Kette in seiner Hütte leben. Die Kette riss ihm bei seinen vielen Fluchtversuchen tiefe Wunden in den Hals. Aber er ließ nicht davon ab, seine Flucht immer wieder neu in Angriff zu nehmen. Wenn Großvater in der Stadt war, nahm ich Chio manchmal heimlich von der Leine und er rannte stundenlang über Hof und Felder und kam dann wie in einem wissenden Einvernehmen zu mir zurück, ließ sich wieder an die Kette legen und sah mich friedlich an.

Inselito erinnerte mich jetzt auch daran, dass ich auf dieser Insel schon in meinem ersten Buch über Chio geschrieben hatte. Im Garten des kleinen Dörfchens Lepe im Norden von La Gomera, im Wind unter einem Avocadobaum, umgeben von riesigen Sukkulenten, die wie Schutzheilige für die grüne Untermalung meiner Erinnerungen sorgten, war er als *Der einäugige Hund* in einer Geschichte vorstellig geworden. Sein Leiden hatte sich damals von mir abgelöst und lebte in meinem ersten Buch ein eigenes Leben, ohne an meine Gefühle zu rühren. Ich wusste zwar immer mit dem Kopf, dass Chio ein Auge ausgeschlagen worden war. Aber jetzt erst fühlte ich mit Inselitos Hilfe endlich, was ich die ganze Zeit gewusst hatte. Ein neues Wissen war das, ein echtes Wissen, das mir von meiner Verbindung zu der Liebe der Tiere berichtete. Es zwang mich nun regelrecht, meinen Empfindungen zu trauen. Im Urgrund dieses Gedächtnisses, das Verwandlungen einleitet, wurde mir das Gewahrwerden einer natürlichen Ordnung zuteil. Alles strebte in mir nach einer Klarheit, die Seele, Geist und Moral in Einklang bringen wollte, indem es mich daran erinnerte, was ich gefühlt hatte und wie diese Gefühle mein Leben und meine Beziehungen prägten. Heute weiß ich, dass dahinter noch eine andere und viel grundsätzlichere Reise in Vorbereitung war, die auf mich wartete, den Schmerz nicht nur zu durchdringen, sondern auch in der Zeitlosigkeit anzukommen, in einem seelischen Zustand des Empfangens, in dem nur der gefühlte Schmerz zur Schmerzlosigkeit führt und eine Art

Zeitkreislauf sichtbar wird, der an der Erschaffung eines anderen Selbstbildes mitarbeitet. Aus der Zumutung wird Ermutigung. Ein Weitergehen.

In Lucys Haus fand ich mich sofort zurecht. Es war sehr klein und angenehm klar eingerichtet. Das typische kanarische Feldsteinhaus war mit einer einfachen hochgemauerten Kochnische, einem lichtdurchfluteten winzigen Badezimmer ausgestattet. Den kleinen Schlafraum hatte Lucy mit riesigen getrockneten Palmblättern geschmückt, mit denen sie auch die Türen ihres Kleiderschrankes kunstvoll verkleidet hatte. Ein terracottafarbener Steinboden sorgte auch bei hohen Temperaturen für angenehme Kühle und hatte etwas Beruhigendes an sich. Auch in diesem Garten wuchsen prachtvoll rote und orangefarbene Pflanzen, beglückt entdeckte ich kleine Sukkulenten sowie einen großen Avocadobaum, der voller Früchte war. Dort stellte ich gleich nach meiner Ankunft einen kleinen Gartentisch hin und schaute an den Palmen vorbei ins Tal Richtung Meer. Inselito saß neben mir, und erst als er an meinem großen Zeh zu knabbern anfing, begriff ich, dass ich ihm den ganzen Tag lang nichts zu trinken gegeben hatte. In der kleinen Vorratskammer, an der ein Stoffvorhang hing, fand ich schließlich auch das Hundefutter. Sombreros, Esel und Hunde schauten mich von diesem bunten Stoff an, ich entdeckte auch Kirchen darauf. Eine auratisch leuchtende Madonna, umringt von vielen Totenköpfen, war vervielfacht zu sehen. Der Stoff hatte erst einen fröhlichen Eindruck auf mich gemacht, als ich ihn aber genauer betrachtete, fand ich ihn plötzlich unheimlich. Die beunruhigenden Schädel waren am Ende das

Einzige, was ich wahrnahm, sie schauten mich sehr genau an. Inselito ging mir treu hinterher, so, als hätten wir hier schon viele Jahre zusammen verbracht und gehörten seit jeher in dieses Haus. In gleicher Selbstverständlichkeit sorgte sein sanfter Blick dafür, dass ich jetzt Chio nicht mehr nur als ein Tier aus meiner Kindheit vor mir sah, sondern auch meinen Großvater genauer erinnern konnte. Wo vorher nur die mittelmeerischen Lichtverhältnisse waren, war nun auch sein Zorn genau wahrnehmbar. Ich hatte ihn zwar nie verdrängt, seitdem ich mich aber an Chios ausgeschlagenes Auge erinnerte, war mein Gedächtnis aufgerüttelt und ich nahm nun auch seine Unberechenbarkeit wahr. Warum hatte mein Großvater einem Tier, das er selbst sehr liebte, das Auge ausgeschlagen? An einem regnerischen Tag hatte Chio sich einmal aus eigner Kraft von seiner Kette befreit und war querfeldein durch unseren Garten gelaufen, und als Großvater das sah, war er außer sich. Das war wohl der Tag, an dem unser Hund sein Auge verlor. Ich war sieben Jahre alt und erlebte den großväterlichen Zorn mit jeder Faser meines Seins. Mein ganzer Körper erzitterte vor Angst angesichts dieser wuchtigen Entladung. Hatte ich Angst, dass mir etwas Ähnliches zustoßen könnte? Ich fürchtete mich zum ersten Mal vor meinem Großvater.

Seit meiner zehnten Lebenswoche hatte ich bei verschiedenen Verwandten gelebt, erst hatte sich meine Großmutter um mich gekümmert, dann andere Verwandte, bei einer Tante blieb ich am längsten. Ihr Mann trank literweise Schnaps. Wir nannten ihn Schnurre, weil er einen großen Schnurrbart hatte. Schnurre war ein Alkoholiker, der uns viele schlimme Nächte bescherte und manchmal bei Eiseskälte aus dem Haus warf. Als ich fünf Jahre alt war, endeten diese nächtlichen Torturen endlich, mein Großvater holte mich zu sich. Sein Zorn jetzt ließ mich innerlich erstarren, nicht einmal Schnurre hatte mir so viel Angst gemacht. Das mag daran gelegen haben, dass ich meinen Großvater als bedürftigen und sanften, ja wärmstens mich bittenden Menschen kannte, der sich nicht bücken konnte und dem ich die Füße wusch oder den ich rasierte, dem ich die Haare schnitt, während die Vögel im Garten unser Glück orchestrierten und der Süden uns mit seiner Freundlichkeit unsere Schicksalsgemeinschaft spiegelte. Die Bäume tranken das Licht mit ihren Wipfeln auf und die Schwalben segneten unseren Blick, wenn wir zu ihnen sahen und das Licht eine Speise für unsere Augen wurde. Diese allumfassende Essenz der Anwesenheit, die in unseren Körpern, in unseren Handlungen und im Miteinanderverwobensein stets da war, habe ich viele Male als das Werk einer lebensverändernden Gebärde erlebt und beschrieben. Diese Anwesenheit, die eine ureigene Art von Liebe und unsere Verbindung war, möchte ich auch weiterhin beschützen, möchte sie nicht vergessen oder auslöschen, weil sie durchweg *wahr* ist. Dennoch ist auch die Gewalt wahr. Auch sie gab es. Auch sie hat stattgefunden.

Wir Menschen tragen viele Ebenen in uns. Das Böse löscht nicht das Gute aus, es verdeckt es manchmal nur nachdrücklich. Inselito will, dass ich im Dazwischen noch etwas anderes erzähle, es in das Bewusstsein trage, in mein eigenes und somit auch in das Bewusstsein der mich umfassenden Zeit – in jene Schicht der Furcht und Angst, die aus dem Zorn und der Wut kommt. Diese Ebene des Seins lebt in uns allen. Bei meinem Großvater zeigte sie sich mir zum ersten Mal als vulkanische Kraft, ein Feuer, das mit einer ungeheuren Wucht von seinem inneren Gefühl, dem Druck, der allem Anschein nach in ihm lebte, durch seinen Körper fuhr und sich in seiner Hand als Waffe manifestierte, die unseren armen Chio das Auge kostete. Wieder stand ich an der Schwelle unseres Hauses, als dieses zum Töten bereite Zorneswetter sich in meinem Großvater verselbstständigte und er das Tier, nachdem er es, zunächst Freundlichkeit vortäuschend, zu sich gelockt hatte, wieder an die Kette legte. Ich höre noch heute das Klackern der Kette, sehe glitzerndes Metall vor mir, das Chio nun wie für immer gefangen nahm. Damals wusste ich noch nicht, dass ich etwas Ähnliches wie Chio erleben würde, dass mich ein ähnliches Schicksal erwartete und meine eigene Mutter mir jenen Zorn, jene unbändige Wucht der zuschlagenden menschlichen Hand zumuten, ich mich aber, anders als das an seine Hütte gebundene Tier, eines Tages befreien würde. Zu diesem Zeitpunkt war ich fast schon erwachsen, sechzehn Jahre alt, und lebte nicht mehr in jenem südeuropäischen kleinen Dorf, in dem Chio sein Auge verloren hatte, sondern im beschaulichen Main-Taunus-Kreis ohne Tiere.

Ich kam vom Friseur, hatte meine langen Haare abschneiden lassen und sah nun in ihren Augen aus wie ein Junge. Irgendetwas an meiner neuen Frisur, vielleicht das offengelegte Gesicht, empörte sie so sehr, dass sie sofort anfing, auf mich einzuschlagen, tatsächlich so, wie mein Großvater es mit unserem Hund und später auch mit anderen Tieren getan hatte. Ich hatte nicht damit gerechnet, dass mein allererster Gang zum Friseur diesen unermesslichen Mutterzorn auf mich laden würde, und war zu Tode erschrocken über ihre mir keineswegs unbekannte Gewalt. Während sie mich schlug, beschimpfte sie mich, sagte immer wieder, du elender Hund, du Hund, du elender Hund. Ich hielt die Hände über den Kopf, weil ich das Gefühl hatte, sie oder dieser Zorn in ihr würde mir sonst etwas zerschlagen, meine Schädeldecke vielleicht, meine Stirn oder meine Augen verletzen. Irgendwann bemerkte ich, dass ich mich gar nicht schützen konnte, dass die Wucht der Schläge immer mehr zunahm und nichts meine Mutter daran hindern würde, mit dem Schlagen weiterzumachen. Ich lag schon auf dem Boden neben der alten Gasheizung und nun trat Mutter auch nach mir. Ihre Tritte waren nicht einmal mehr eine Überraschung für mich. Mein Kopf schlug gegen die Heizung, ein sirrender Schmerz fuhr durch meinen Schädel und mit ihm kam mir der Gedanke, mich schnell tot zu stellen, damit die Schläge endlich aufhörten. Ich schaute mit halb geschlossenen Augen zur Mutterherrscherin herauf, eine schreckliche Gebieterin sah mich an, ein Fuß auf meinem Körper, die Gebieterin nahm einen Schluck Bier, das sie sich in aller Ruhe in ein großes Glas eingeschenkt hatte, zur Stärkung nahm sie diesen Schluck und schlug dann weiter, mit den Füßen, mit den Fäusten. Ich stellte mich also tot. Ich spielte so gut, wie ich konnte, mein Totsein, damit sie aufhören würde, mich zu schlagen. Doch sie hörte nicht auf. Das war das eigentlich

Erschreckende an diesem Tag: Dass nicht einmal mein Tod meine Mutter beeindruckte. Als ich das begriff, es war ein ganz klares inneres Erkennen in mir, dass sich als Gedanke übersetzte, beschloss ich, mich bei nächster Gelegenheit zu befreien und zur Küche zu rennen. Dort war der Zugang zur Treppe des alten hessischen Fachwerkhauses, es ging steil hinab und ich hatte Angst, Mutter könnte mich hinunterstoßen und mir damit das Genick brechen. Wie ein Hund, der wegläuft, hatte ich nichts dabei, nur das, was ich an mir trug, und die Schläge auf meiner Haut, die sich anderntags als blaue Flecken zeigen würden. Das rechte Auge war schon geschwollen, von einem der Hiebe, die mir gleich am Anfang verpasst worden waren.

Meinen Entschluss, fortzulaufen, für immer fortzugehen, hatte ich leider laut ausgesprochen. Offenbar fand ich es wichtig, meine Mutter darauf vorzubereiten. Sie stand oben auf der Treppe und sagte plötzlich mit einer überraschenden Milde und Freundlichkeit in der Stimme, bitte bleib, bitte geh nicht, komm noch einmal hoch, wir können uns hinsetzen und reden. Mein Körper wollte weg, der gedemütigte Mensch, der ein Hund war, aber blieb. Ich schleppte mich zu dieser über mir thronenden Freundlichkeit, in der Hoffnung auf einen Austausch und dass ich erzählen konnte, was ich beim Friseur erlebt hatte. Mutter nahm wortlos meine Hand. Wir gingen als Einheit durch die Küche und in jenes Wohnzimmer, in dem sie mich als Hund beschimpft und wie leblose Materie mit ihren Fäusten niedergestreckt, mich in ihre Niederungen, in ihre Spucke und in ihre Gewalt eingewoben hatte. Als wir über die Schwelle und in das

Wohnzimmer zurückgetreten waren, drehte meine Mutter sich um, griff in ihre Hosentasche, nahm einen Schlüssel heraus und drehte ihn im Schloss um. Mein Herz klopfte so laut, dass es sich wie Ersticken anfühlte. Bis zu diesem Augenblick hatte ich nie vorher bemerkt, dass es zu dieser Tür überhaupt ein Schloss oder einen Schlüssel gab. Unfassbar erschrocken, nun ein eingesperrtes Tier, sah ich und sehe ich noch heute diese Mutterhand, diese Geste des Verrats, mit der sie mich wieder in ihrer Gewalt hatte. Das bisher Erlebte war nichts im Vergleich zu diesem Augenblick, in dem sie die Tür abschloss, den Schlüssel wieder in ihrer Hosentasche verstaute und noch schlimmer als zuvor mit ihren Fäusten auf mich losstürmte. Alles, was sie zu fassen bekam, warf sie sogleich auf mich. Ich war allein. Allein mit dieser Frau, die in diesem Augenblick nichts anderes als meine Auslöschung im Sinn zu haben schien. Musste ich in ihrer Vorstellung erst ein Hund werden, damit sie das tun konnte? Im Grunde wollte sie das Gleiche tun, was mein Großvater Chio angetan hatte, sie wollte mich an die Kette legen, an ihre Kette, in Gefangenschaft bringen, in ihre Gefangenschaft, sie wollte mich unterwerfen und an ihren eigenen inneren Krieg ketten, an ihren Hass, an ihre Not, an ihre innere Verwundung, aus der heraus sie handelte. Später erst fand ich heraus, dass sie etwas an mir wiederholte, das ihr selbst in ihrer Kindheit tausendfach angetan worden war.

Aus Gründen, an die ich mich nicht mehr genau erinnern kann, waren meine Schwester und mein Bruder an diesem Nachmittag nicht zu Hause. Als meine Mutter genug von mir hatte und ich mich ihr immer noch nicht ergeben hatte, schickte sie mich in herrischem Ton nach unten in das Zimmer, das meine Schwester und ich uns teilten. Ich hörte auf der letzten Treppenstufe, dass Mutter noch sagte: Die ganze nächste Woche bleibst du unten, zu essen gibt es nichts für Hunde wie dich – dass du dich ja nicht traust, so schnell deine hässliche Schnauze hier oben zu zeigen. Sie untersagte später meinen Geschwistern, sich mit mir zu unterhalten. Meine Schwester hielt sich wie immer nicht an das mütterliche Verbot, versorgte mich liebevoll, wusch mir das grün und blau geschlagene Gesicht mit kaltem Wasser, kämmte mein Haar und gab mir heimlich etwas zu essen, obwohl ich sagte, lieber würde ich verhungern, als jemals in der Obhut dieser Mutter wieder etwas zu essen. Auch mein Vater besuchte mich in meinem entmenschlichten Exil. Obwohl ich nun ein Hund war, nahm er sich Zeit für mich. Die da oben sei verrückt geworden, ließ er mich wissen, tadelte mich aber auch für meinen Friseurbesuch, für das also, was meine erste kleine und zugleich große Entscheidung im Hinblick auf meinen eigenen Körper gewesen war. Mit Sehnsucht dachte ich an die Tiere am Mittelmeer, an die Stille des kleinen Dorfes, an die Tage und Nächte, in denen ich allein war, in denen ich mir alles anschauen konnte und niemand mich an die Kette legen wollte. Oder etwa doch? In dieser Nacht lag ich lange wach, in der Ferne hörte ich die Hunde aus der hessischen Nachbarschaft. Sie bellten lange und nachdrücklich, als hätten sie mir zeigen wollen, dass es ein anderes Leben gibt, ein Draußen, eine Welt, die auf mich warten würde, egal wie lange. Ich empfand die Hunde in dieser Nacht als meine Verbündeten. Eine merkwürdige neue Aufmerksamkeit stieg in mir auf, eine Art fortwährendes Gewahrwerden. Die Hunde waren darin Einheit mit mir und meiner Zukunft. Ich würde hier weggehen, in dieser Nacht wusste ich es, ich würde meinen eigenen Weg gehen und auch die Dunkelheit würde mich beschützen. Oder denke ich das bloß heute, dass ich das damals gedacht haben könnte? Konnte ich denn überhaupt irgendetwas denken in jener Nacht?

Wie es auch war, ich kniete mich auf den Boden und betete, ich bat um Kraft, irgendwann wirklich aufbrechen und fortgehen und ein Mensch sein zu können. Natürlich bekam ich nicht gleich eine Antwort, zugleich war die neue Aufmerksamkeit schon in sie eingewoben. In meiner dalmatinisch katholischen Kindheit war Beten immer ein In-die-Knie-Gehen gewesen. Aber was geschah jetzt, da ich mich in meinem Jugendzimmer und nicht in einer Kirche befand, wo ich sonst immer gebetet hatte? Mein Beten war hier nicht mit Worten verbunden, im Gegenteil, ich nannte es so, aber es war nur ein Stillsein und ein zeitgleiches Nach-innen-Hören. Das Niederknien machte der Körper selbst, es war eine Art, mit mir selbst zu sprechen und im Größeren aufgehoben zu bleiben, in der Nacht, nach der ein neuer Tag kommen würde, im Hundegebell, das mir zeigte, draußen gab es noch Leben. Und in meinem Inneren entdeckte ich dabei einen unzerstörbaren Ort, zu dem andere Menschen keinen Zugang hatten. Auch meine Mutter konnte in dieses innere Gebiet nicht vordringen. Was meine Mutter und die in ihr waltenden Beschriftungen mir beinahe weggenommen hatten, rettete sich mit dem Gebell der Hunde und der Nacht und dem Niederknien in mein inneres Sein. Ich erlebte meinen eigenen verletzten und verletzlichen Körper als Schwelle, als Transitmoment zu einer Geografie, zu der die Gewalt keinen Zugang hatte. Die Gitterstäbe meiner Gefangenschaft ließen mir genug Raum, um die Zwischenräume genau sehen zu können. Es war auch das erste Mal, dass ich dabei meine Mutter genauer wahrnahm. Bevor das geschah, spürte ich in den frühen Morgenstunden sehr deutlich meine Erschöpfung, die vom Kampf im Wohnzimmer herrührte. Kurz bevor ich in einen unruhigen Schlaf fiel, spazierten in Gedanken an meine Peinigerin ein Satz und eine Frage durch mein Bewusstsein, die ich nie vergessen habe und die sich mit meiner inneren Unversehrtheit verbündeten: Meine Mutter kann nicht lieben. – Warum? Als ich Jahre später in Franz Kafkas *Betrachtungen über Sünde, Leid, Hoffnung und den wahren Weg* einen eigensinnigen Gedanken über Krähen las, konnte ich nicht umhin, als an meine Mutter zu denken, an den Himmel, der ihr selbst nie gehört hatte: »Die Krähen behaupten, eine einzige Krähe könnte den Himmel zerstören. Das ist zweifellos, beweist aber nichts gegen den Himmel, denn Himmel bedeutet eben: Unmöglichkeit von Krähen.« In diesem mystischen Paradoxon sprach fortan die Welt zu mir. Ich verstehe heute noch einen anderen Satz von Franz Kafka sehr gut, der sagt, das Negative zu tun sei uns noch auferlegt, das Positive schon gegeben.

Seit der Erniedrigung nach dem Friseur sprach im Außen immer öfter die Tierwelt mit mir. Und als ich die Gedichte von Rainer Maria Rilke entdeckte und *Der Panther* mir in lyrischen Sprüngen auch von meiner eigenen Gefangenschaft erzählte, dachte ich an jene Nacht der Not, in der ich in die

Knie gegangen war. Das Vexierspiel des Lebens hatte mich im Innersten getroffen. Einerseits sah ich die Gewalt meiner Mutter, aber ich sah auch, dass es schwer war, das Gute zu tun, dass es sogar leichter war, es nicht zu tun. Natürlich hatte meine Mutter ihre Gewalt an mir entladen, doch ich fühlte nach jener Nacht, dass sie sie nicht nur in mir, sondern auch in sich selbst Schlag für Schlag abgelegt hatte. Nicht nur meine Erinnerung würde die Gewichte daran im Gedächtnis bewahren, sondern auch in ihr selbst nicht mehr zu verdrängen sein. Denn neben allem anderen wurde ich nicht nur geschlagen, sondern bezeugte auch das Geschlagenwordensein. Ich hatte mich nicht gefügt. Das half mir nicht aus der Gewalt heraus, sie zeichnete mich nachdrücklich. Hatte ich schon damals geahnt, dass mir etwas Ähnliches geschehen war wie unserem Hund Chio, als mein Großvater ihm ein Auge ausgeschlagen hatte? Die Erinnerung an Chio kam erst jetzt, auf der Insel La Gomera, ans Tageslicht. Ein anderer Hund zeigte mir den Weg nach innen. Was ist das für eine Sprache, die sich meiner bemächtigt? Inselito ist in ihr die atmende Brücke zwischen Menschen und Tieren. Er stößt diese überzeitliche Unterhaltung an, verbindet mich mitten im Valle Gran Rey, dem Tal des Großen Königs mit jener inneren Zeit, die niemand von uns beweisen und nur erzählen kann. Unweigerlich denke ich dabei an das Hohelied der Liebe und an König Salomon. Der Mensch ist Gast in der Sprache der Natur und des Tierreichs, die für sich selbst steht und zugleich immer mit uns verwoben ist. Der in der westlichen Welt vorgenommenen Trennung und Einordnung von Kultur und Natur stehen meine Erlebnisse mit

Tieren entgegen. Für mich gibt es keine unpersönliche Welt der Tiere und Dinge, die von der Menschenwelt getrennt sind. Eine Kosmologie der Verknüpfungen bringt sich von allein ins Spiel, sie ist die größere Erzählung, vielschichtig, multidimensional, Zeiten überschreitend und selbstermächtigend zeigt sie sich und pocht darauf, entschlüsselt zu werden. Der Anthropologe Philippe Descola hat ausgeführt, wie begrenzt unsere neuzeitliche Vorstellung ist, in nur »zwei Etagen« zu denken – Natur und Kultur. Diese dualistische Blickweise hebt mit einem kategorisierenden Schlag wertvolle Verwandtschaftsverhältnisse aus dem Raum der Vorstellungskraft. Das Leben als ein Gespräch zu verstehen, in dem mich ein weniger starres Ich in die Offenheit eines tänzerischen, fluiden Selbst einlädt und Verbindungen aufzeigt, die mir die Muster und Funken meines Hierseins sichtbar machen, ist für mich seit jener Nacht, in der ich in die Knie ging, ohne Alternative.

Als ich schon eine Weile in Lucys Haus lebte, erkannte ich, dass Inselito mit meinem Inneren das machte, was er sonst im Außen tat. Er nahm eine Spur auf, folgte ihr beharrlich und wurde ein treuer Lotse zu meinen inneren Verstecken. Er half mir, tiefe Schichten der Schwermut zu durchschreiten, die mich oft genug gelähmt, aber nie vollständig von der Freude abgehalten hatten. Lucy rief aus England an, sie musste länger in London bleiben. Der Patientin, um die sie sich kümmerte, ging es nicht gut. Weitere drei Monate mit Inselito lagen vor mir. Ich musste nirgendwohin, also blieb ich in Lucys Haus. Meine innere Reise ging weiter. Ein Satz von Meister Eckhart kam mir in den Sinn, der einmal sagt, wolle die Seele etwas erfahren, werfe sie ein Bild der Erfahrung vor sich und trete dann in diese ein.

Diese Denkbewegung zeigt, was sich in meiner alchemistischen Unterhaltung mit Hund und Insel ereignete. Ohne dieses Hineingehen in mich selbst, ohne das Wagnis, im Dunklen gehen zu lernen, in mir selbst Nacht und nackt zu sein, konnte das in mir abgelegte Geschehen aus der Vergangenheit nicht in meine Gegenwart hineinsprechen. Das innere Gehen war eine Anrufung der Jetztzeit. Unbedingtes folgte ihr nach. Im richtigen Augenblick zeigten sich mir die Teile eines Gewebes, das mir helfen konnte, ganz und gar hier zu sein und nicht in einer dunklen, anderen, schon vergangenen Zeit zu verschwinden. Damals auf La Gomera wusste ich nicht einmal von dieser Gefahr, fühlte mich aber neben all dem Schönen in dieser kanarischen Außenwelt auch eigenartig umkreist und angetippt, so als greife nun doch etwas nach meinem Glück, das es mit einem Mal zu beschützen galt. Ich dachte an die unheimliche Hand in Rilkes *Die Aufzeichnungen des Malte Laurids Brigge*, die durch eine feste Wand greifen kann. Aber wie konnte ich mich vor dieser Hand beschützen? Und wann genau, jetzt oder später? Und was sollte das überhaupt sein, mein Glück? Diese Fragen vermischten sich mit einer bisher ungekannten Wehmut in mir. Die Zeit verging, Menschen kamen in mein Leben und verschwanden, Landschaften wechselten, aber blieben doch in mir, wer aber war ich selbst darin? So verhält es sich wohl für alle, die mit Mitte zwanzig oder Anfang dreißig auf ein rätselhaftes neues Universum im eigenen Inneren aufmerksam werden. Auf die eine oder andere Weise nehmen in dieser Zeit unseres Lebens nun die Schatten zu, Ereignisse wiederholen sich in verschiedenen Rhythmen, so als würden sie uns wirklich umkreisen und nach uns greifen. Abschiede kommen häufiger vor, auch die Trauer einer unerwiderten oder nie ganz in die innere Sehnsucht vorgedrungenen Liebe sind zu unvermeidlichen und nun in unserem inneren Kompass abgespeicherten Erfahrungen in uns abgesunken. Wir begreifen, ohne zu begreifen, ahnen, ohne es aussprechen zu können, dass die anderen Menschen, Tiere, Dinge und Begebenheiten auf eine geradezu unheimliche Weise zwar äußere Welt sind, aber doch zeitgleich Handelnde unserer inneren Landschaft, ein Figurenkabinett auf unserer inneren Bühne, die uns zwar bewohnt, aber die uns keineswegs gestattet, sie einfach mal auf die Schnelle abzubauen. Denn einmal gesehen, bleibt sie im Blick. Dieses Im-Blick-Bleiben führt von selbst zur Veränderung.

Im Valle Gran Rey unternahm ich mit Inselito an meiner Seite lange Spaziergänge und Wanderungen. Erst gingen wir durch das Tal, dann am Meer entlang und später eroberten wir die Dörfer oberhalb des Tals bis hin zu Las Hayas, einem Bergdorf von besonderer Schönheit. Lucy rief wieder an, aus den drei Monaten wurden schon bald vier. Die Tatsache, dass ich nicht auf dem Festland lebte, sondern, wie es nun schien, auf unabsehbare Zeit auf der Insel bleiben würde, spielte mir und meiner inneren Bildwelt zu. Eine neue Langsamkeit entstand in mir. Während mich die andere Sprachumgebung wie ein Meeresrauschen umschloss, las ich viel, schaute mir stundenlang die Steine, das Meer, die Wolken an. Die wechselnden Blau- und Grüntöne bei

Sonne, im Nebel, bei Regen speicherten sich tief in mir ab, und noch heute schließe ich die Augen, sehe die Palmen im Wind und höre ihr heilsames Rauschen. Diese Bilder vermischen sich manchmal mit anderen, inneren Reisen, mit nächtlichen Träumen und mit jenen atemberaubend schönen Mosaiken aus dem antiken Pompeji, die manchmal nur ein einzelnes Tier abbilden und doch gerade deshalb zur Stütze des Menschheitsgedächtnisses geworden sind. Ein römisches Mosaik zeigt beispielsweise einen Hund, der an eine vom Menschen erdachte und viereckige Welt angeleint ist – er ist bereit, als treuer Beschützer zu dienen: *Cave canem*, hüte dich vor dem Hund. Dieses Mosaik ist in der Mitte des 1. Jahrhunderts vor unserer Zeitrechnung in einem der bekanntesten Häuser von Pompeji entstanden, in dem auch andere, betörend schöne Mosaiken gefunden wurden – etwa mit Motiven von Katzen, Tauben, Vögeln oder dem jungen Dionysos auf einem Tiger. Inselito regte mich an, mich auf dieses kulturelle Erbe einzulassen. Ich beobachtete ihn lange und stellte irgendwann fest, dass er in Lucys Haus und Garten als ebenbürtiges Wesen lebte. Als ich anfangs mit ihm rausging, um Besorgungen zu machen, fiel mir gar nicht auf, dass ich keine Leine hatte. Erst als ich beim Einkaufen die Läden betrat, dachte ich darüber nach, wie ich ihn anleinen konnte, damit er auf mich wartete und ich ihn bloß nicht verlor. Aber im Haus fand ich keine Leine. Ohnehin hatte ich verstanden, dass ich lernen musste, ihm zu vertrauen. Er verschwand im Getümmel der Touristen und blieb öfter eine Weile weg. Ich lernte warten, setzte mich mit meiner Einkaufstausche an den Strand oder auf die Terrasse eines

Cafés und irgendwann kam er, sprang freudig zu mir zurück. Wir gingen langsam durch das Tal und den Berg herauf und in Los Granados in unser Haus.

Als ich mich schon an diese Ausflüge gewöhnt hatte, kam eines Tages Inselito nicht mehr zurück. Ich suchte ihn überall, er blieb unauffindbar. Während ich unsere vertrauten Wege abschritt und seinen Namen rief, fiel mir wieder mein Großvater ein. Ich dachte an ihn, an die Leute aus meiner Kindheit und an alle Menschen, die überall auf der Welt ihre Hunde aus verschiedenen Gründen anleinen, und ertappte mich dabei, Inselito innerlich das Gleiche anzudrohen und dass er bloß zurückkommen solle. Zugleich wusste ich, dass ich mich schuldig fühlte, auch Angst um ihn hatte, obwohl auf der Insel damals fast jeder jeden kannte. Es hieß zudem, Diebe seien auf einem so kleinen Eiland schnell gefasst, deshalb schlossen die Leute nicht einmal ihre Autos ab. Wohin sollte man auch mit einem gestohlenen Auto entwischen? Wenn wir Menschen verstehen würden, dass die Erde eine Insel im Universum ist, würden wir uns anders verhalten. Das Haus nicht abschließen zu müssen heißt auch, in anderen Dimensionen zu atmen. Ich war sehr froh, dass Lucy dieses Mal nicht wie sonst am Wochenende anrief, hätte ich ihr doch gleich vom Verschwinden ihres Hundes berichten müssen. Wo auch immer Inselito war und mit wem er sich befreundet hatte, er ließ mich mehrere Tage im Ungewissen, ob er überhaupt noch zurückkehren würde. Wie durch eine freundliche Orchestrierung unsichtbarer Kräfte ergab sich an den Tagen von Inselitos Verschwinden auch keinerlei Kontakt mit meinen Freunden, ausnahmsweise fuhren sie auf die andere Seite der Insel und kauften in der Hauptstadt San Sebastián ein. Ich hatte also genug Zeit, um das Vertrauen tiefer zu erlernen. Ich suchte Inselito zwei Mal am Tag. Morgens und nachmittags ging ich ins Tal, zu den Läden, zu den verschiedenen Stränden, blieb etwas länger an der Promenade von La Playa beim El-Fotografo und sah auch mehrmals an der etwas entlegeneren Playa del Inglés nach ihm. Er blieb unauffindbar. Mit seinem Fortbleiben schenkte er mir Zeit, meine Erinnerungen neu zu sehen, sie neu zu gewichten und die in ihnen wartenden Mitteilungen zu sortieren. Noch bevor er zurückkam und eine unbändige Freude in mir auslöste, verbanden sich zwei starke Bilder und Erfahrungen meines Lebens zu einem Bildgeflecht, in dem die Schlangen eine wichtige Rolle spielen.

Mit einer Nachbarin hatte ich an der Straße kurz gesprochen, sie hatte wissen wollen, ob ich das Haus von Lucy hütete oder die neue Bewohnerin sei. Ich erzählte ihr, wie ich zu dieser Gelegenheit gekommen war, auf Inselito und das Haus aufzupassen, und auch von meiner Sorge ob der nun schon tagelangen Unauffindbarkeit des Tieres. Sie beruhigte mich, Inselito würde ganz gewiss zurückkommen, das ganze Tal kenne ihn und er suche sich manchmal seine Leute auf Zeit aus. Ein bisschen so wie ich selbst, schoss es mir durch den Kopf. Zum Glück gibt es hier keine Schlangen, sagte ich, wie in meiner Kindheit im dalmatinischen Hinterland, wo es sogar Giftschlangen gab. Die Frau bekreuzigte sich, sagte, *Si Dios quiere*, so Gott will, soll es hier so bleiben, wie es ist – ohne Schlangengift. Als wir uns verabschiedeten, dachte ich an eine Szene aus meinem ersten Dorf in der dalmatinischen

Kindheit, die, ähnlich wie jene mit dem verprügelten Hund, tief in mir abgespeichert ist und vor Jahren schon als *Schlangentöterin* in einer meiner Erzählungen mein Bewusstsein betreten hatte. Auf der Insel ohne Schlangen fand eine neue Verknüpfung in mir statt, denn erschauernd begriff ich nach dem kleinen nachbarschaftlichen Gespräch am Atlantik, dass diese Schlangentöterin meine eigene Mutter war. Gelobt wurde sie von den Dörflern immer für ihre Kraft, als Frau, hieß es, habe sie so gut zuschlagen können wie ein Mann. Heute weiß ich, dass das nur möglich war, weil sie selbst Gewalt erlebt hatte, eine durch Männerhand in sie und ihren Körper abgesunkene Sprache, von der sie sich nie befreien konnte – denn Gewalt befreit nicht.

An einem Tag stand ich wie durch Fügung wieder an der Schwelle unseres Hauses und sah meine Mutter zum ersten Mal als Schlangentöterin. Zwei junge Schlangen hatten sich in der Sonne auf einen Sandhaufen gelegt. Sie kümmerten sich nicht darum, dass viele Leute vor unserem Haus hin und her liefen, unter anderem laut redende Arbeiter, die mein Vater aus den umliegenden Dörfern zusammengetrommelt hatte, damit es in diesem Sommer mit dem Bau unseres Hauses voranging. Als meine Mutter auf dem Sandberg die Schlangen entdeckte, griff sie sofort nach einem Stock und schlug bis zur Besinnungslosigkeit auf sie ein. Von der Schwelle sah ich ihr beim Töten zu. Es war das erste Mal, dass ich Angst vor meiner Mutter hatte. Ich muss damals sieben Jahre alt gewesen sein, denn ich erinnere mich, dass ich gerade das Schreiben gelernt hatte. Natürlich hatte ich auch Angst vor den Schlangen, die sich ehrfurchtgebietend direkt vor dem Haus gezeigt hatten. Warum waren sie so nah an unser Haus herangekommen? Was wollten sie uns sagen, fragte ich mich. Im Dorf wurde erzählt, dass die Schlangen Botschafterinnen waren, Hüterinnen der Schwelle zwischen Tod und Leben. Wenn sie die Nähe von einem Menschen suchten, hatten sie einen Grund. Im Dorf war es einmal einer Frau auch so ergangen, sie wurde von einer giftigen Schlange gebissen und war seit diesem Augenblick als Hexe verschrien, weil sie scheinbar mühelos überlebt hatte. Von heute aus betrachtet ist es für mich aufschlussreich zu sehen, wie unterschiedlich diese zur Hexe gemachte Frau und meine Mutter mit dem Ereignis der Schlange umgingen, ganz abgesehen von der symbolischen Wirkkraft des Reptils, die beredt über unsere Projektionen und Verdrängungen Auskunft gibt.

Die Heilung vor der Angst liegt nicht im zerstörerischen Akt der Tötung, wie ihn meine Mutter für sich bei den Schlangen und später mit dem gleichen verbissenen, wütenden und zugleich paralysiert-angstdurchdrungenen Gesichtsausdruck mit mir tat. Heute weiß ich, dass meine Mutter etwas intuitiv erfasst hatte, das mit ihrem eigenen Leben verknüpft war. Sie wollte mich bändigen und fürchtete sich davor, dass mir in der Welt der gewalttätigen Männer das Gleiche widerfahren könnte wie ihr. Doch sie konnte mich nur eine Weile in Schach halten. Bei den Schlangen war es anders. Sie hatte Macht über das giftigste Tier der Umgebung. Sie schlug und schlug auf die Schlangenkörper ein, die ihr vollends ausgeliefert waren. Auf dem Sandberg blieb am Ende nur eine feuchte dunkle Masse zurück. Obwohl die Schlangen in der mythologischen Verquickung der katholischen Dorfwelt für Sünde standen, sah ich, durch meine Angst hindurch, dass dieses Töten die eigentliche Überschreitung war. Um was genau ging es hier? Fraglos verlangten die Schlangen auch mir alle Ehrfurcht ab. Wie sich diese ausdrückt, ohne dass das Töten dazwischenkommt, hat die amerikanische Dichterin Emily Dickinson auf die ihr eigene Weise in einem Gedicht zum Ausdruck gebracht, das mir sehr nah ist:

Nie werde ich dieser Gefährtin gewahr
Ob in Gesellschaft oder allein
ohne atemstarr zu sein
und vereist bis aufs Gebein –
eine schlanke Gefährtin im Gras.

Diese kosmische Dimension der Schlange, die etwa bei den Navajo im Jagdgesang mit der »Wächterschlange« in Zusammenhang gebracht wird, ist in uns unbewusst anwesend und hat ihren Platz an der Schwelle zwischen Tod und Leben. Nicht zufällig ist die Schlange im Mythos die tierhafte Verkörperung vieler Gottheiten wie Persephone, Isis, Kali oder Shiva. Gottheiten sprechen sehr oft zu uns über die Gestalten der Tierwelt. Und dies ist stets verbunden mit einem Prozess der Bewusstwerdung und Erweiterung der eigenen Kraft. Im Alter von sechzehn Jahren, als ich in Hessen zum Friseur ging, hatte ich diese Kraft zum ersten Mal in mir gespürt. Meine Mutter, die selbst nie eine Kindheit ohne Arbeit und körperliche Erschöpfung hatte, konnte das weder mir noch meiner Schwester gestatten. Ohnehin ließ sie uns viele Male wissen, dass sie uns lieber als Jungen geboren hätte. Es war klar, dass wir ihre zweite Wahl waren, auch weil sie wusste, dass wir es als Jungen leichter gehabt hätten. Sie nahm in unserer Wahrnehmung stets nur vorlieb mit unseren Körpern.

Als Tochter hatte sie selbst die Erfahrung von einer durch Härte, Hunger und Not geprägten Nachkriegskindheit als Belastung erfahren, die sie ihr ganzes Leben bestimmt hat – kein Wunder, dass sie genau diese Weiblichkeit, genau diesen Körper auslöschen wollte, denn sie hatte alle Erinnerung daran in sich selbst unter Eis gesetzt, um weitermachen zu können, arbeiten zu gehen und Geld für uns zu verdienen. Mein Vater trank und auf ihn war kein Verlass. Sprach Mutter mich und meine Schwester an, dann nie bei unseren Namen, sie nannte uns immer ihre Jungen. Mein Junge, sagte sie, bring mir doch dies oder das. Mein Junge, geh doch mal Brot besorgen. Lieben und annehmen konnte sie unsere Körper nicht. Aber sie litt am meisten selbst darunter, sie alterte mit ihrer Angst und konnte nie zu ihrem eingefrorenen Inneren vordringen. Die Welt der Verknüpfungen und Erzählungen, die ihr Erleichterung hätten verschaffen können, blieb ihr verschlossen und bedrohte sie. Jeder Mensch, der zu sich selbst reist, weiß, wie schwer es ist, das Innere zu betreten und die Arbeit der Verwandlungen zuzulassen. Die Mitteilungen der Schlangen waren für mich weitreichend. Lange wirkten sie als Getötete in meinem Inneren nach. Aber es gelang ihnen schließlich, auf sich aufmerksam zu machen, mich zu sich mitzunehmen und an meine zum Sterben hingelegten Erinnerungen heranzuführen. Diese von den Schlangen eingeleiteten Verwandlungen sind nun wirksam in meinem inneren Leben, dem kein Schlaf mehr gestattet ist. Die Wahrheit ist jedoch kein für immer errungener Zustand. Sie ist ein langer und fordernder Sprachraum und auch eingebettet in eine Umwelt, die sich mit dem Bewusstsein verändert und vergrößert. Die Tiere meines Lebens und meiner nächsten Umgebung zeigen mir durch ihre Anwesenheit, wie diese Umwelt, zu der auch ich mit meinem Körper gehöre, beschaffen ist.

II

MAGISCHE UMWELTEN

Die Insel La Gomera hat eine große Rolle als Umwelt und äußere Landschaft in meiner Entwicklung gespielt. Magisch im Sinne der lebensgeschichtlichen Verwebungen wurde sie für mich aber in Verbindung zu meiner inneren Landschaft und der Tatsache, dass mich alles dort nicht nur äußerlich erfreute, sondern innerlich in ein neues Gewahrsein brachte. Die Pflanzen, das Wetter, die Tiere, meine darin aufkeimenden Erinnerungen, die Direktheit der Menschen, die mich an meine dalmatinische Herkunft erinnerten, all das sprach so sanft wie nachdrücklich auf mich ein. Es lehrte mich staunen. Jakob von Uexküll löst dieses Staunen auch in mir aus, wenn er etwa »die magischen Umwelten« des Zugvogels beschreibt, vor dem sich die Kontinente erstrecken, deren Urbild er in sich selbst trägt. Manche Orte auf La Gomera, dieser unweit von Afrika gelegenen Insel, sind von einer so starken Schönheit, dass ich sie noch heute mit geschlossenen Augen genau wahrnehmen kann. Noch immer träume ich beispielsweise in Zeiten, in denen Veränderungen in meinem inneren Leben notwendig sind, von einer riesigen, fast rostroten Felswand, die sich in Las Rosas befindet, einem kleinen Dorf im Norden der Insel. In Las Rosas habe ich einmal eine fast drei Meter große Kamelie gesehen, die mich immer wieder einlädt, zu ihr zurückzukehren, zu ihrem Rot, ihrer Pracht und zu ihrer Art zu wachsen. Durch Inselito traten das grüne Tal im Süden der Insel und meine Vergangenheit in ein Gespräch. Ich hörte zu. Denn unversehens befand ich mich in einem Raum, der aus einer Schnittmenge von Innen und Außen bestand und in dem mir mein Platz nicht streitig gemacht werden konnte. Durch das Tier fühlte ich mich in der nur für mich wahrnehmbaren Schnittmenge aus beiden Räumen beschützt. Mein neuer Begleiter zeigte mir seine Wege. Ich lernte, neu zu sehen. Wir waren darin gleichwertig. Als Inselito nach seinem Verschwinden wieder im Haus auftauchte, war ich sehr erleichtert. Ich spürte, dass mir seine Rückkehr ein weiteres Zeichensystem mitgebracht, es mir blitzartig zugespielt hatte, fast wie eine Lektüre, die wie einst die Schlangen darauf wartete, dass ich den darin geborgenen Mitteilungen mit neuen Augen folgen konnte. Ich erfasste nicht sofort, was es genau war, aber ich hörte mit einem Mal auf, alles Erlebte chronologisch zu sortieren. Einem Tier konnte ich als Mensch keine Anordnung geben. Über den Zeitpunkt seiner Rückkehr hatte es selbst entschieden und mir damit die Unteilbarkeit der Ereignisse als Wahrheit zugespielt.

Meine Angst, Inselito könnte verloren gegangen sein, warf mich vollends auf mich selbst zurück. Kommen und Gehen des Tieres entfaltete sich von allein, und genau das war es, was mich nun mit großer Ruhe erfüllte. Die Erfahrung eines von selbst eingetretenen Zeitganzen verwob sich mit der Insel und der Landschaft, mit den Pflanzen und dem schwarzen Sand, auch mit allen Menschen, die ich dort traf und mit denen ich Zeit teilte, Lebenszeit, Zeit der Anwesenheit, Zeit der Blicke, Farben, Formen, Zeit der Wolken, Vögel, Zeit des Regens, Zeit des Staunens. Alles nahm Fühlung in mir zum Ganzen auf und brachte mich mit meiner Umgebung in Beziehung. Ich sah, dass diese Beziehung immer vorhanden ist, dass ich sie nur für mich entdeckt hatte, sie freigelegt hatte. Es fühlte sich so an, als hätte ich in meinem Haus einen großen Vorhang zur Seite gezogen und dabei einen neuen Raum entdeckt, ein unbekanntes Zimmer, in dem ich allein und doch mit allen anderen Räumen und Stockwerken des Hauses verbunden war. Inselito wurde mein Mittler zu einer vieläugigen, zu einer sprechenden Umwelt, die mir das erzählte, was die Urerfahrung meines Lebens war: Alles ist miteinander verbunden. In diesem Verbundensein ist die Natur und die Liebe der Tiere mein ruhiger Spiegel, mein geduldiges Gegenüber. Im Blick der Tiere entstehe ich neu, wenn auch ich sie in Ruhe betrachte. Ich bin Betrachtende und Betrachtung, die sich im Betrachtetwerden verändern. Dabei sprechen die tieferen Schichten der Verwebung mich unmittelbar an. Liebe umarmt im inneren Violett und will nichts dafür haben. Ich erinnerte mich nun in diesem Zustand der Spiegelungen an die bedingungslose Kraft einer Anwesenheit, die ich schon als kleines Kind beim Hüten unserer Kühe jeden Morgen in den frühesten Stunden des Tages erlebt hatte. Einmal, als ich wieder mit den Tieren zur Weide ging, nahm ich einen Umweg zu einem kleinen Wäldchen und erblickte voller Staunen ein riesiges Feld mit Schachbrettblumen. Ich war barfuß und der Tau begrüßte meine Haut, das Wogen der Blumen war mit einem Mal erlebte Einheit mit meinem Körper. Ich sah, dass der Regen, dass die Farben, dass die Elemente in den Pflanzen meines Blickes harrten. In tief erfüllter Freude stieg ein Gedanke in mir auf, eine Denkrichtung, die mich das Wort *Gott* aussprechen ließ. Die Tiere standen hinter mir und auch sie erlebte ich als Teil meines Körpers, als Teil meines Rückens, als Teil einer Anwesenheit, von der ich nicht getrennt war. Die Zeit bestand nicht aus Anfang und Ende meiner Betrachtung, sie floss durch mich hindurch. Als ich mich zu den Tieren umdrehte, wusste ich, dass die Natur alles verbindet, dass auch ich das bin, was das Wogen der Schachbrettblumen war, ihre Form sprach als Liebe zu mir, von der ich nicht zu trennen war. Die Blicke der Tiere waren durchdringend, fast wie ein Akt der Schöpfung, der mir, wie ich heute sagen würde, als immerwährende Freundlichkeit begegnete. Wann immer ich dort sein konnte, wo der Karst seine Geheimnisse und stillgelegten Grotten im Leib der Erde geborgen hielt, fern von den Menschen und ihren persönlichen Leiden, fern von ihren chronologischen Erinnerungen und Erwartungen an andere Lebewesen, sprach diese Anwesenheit als Urgrund und als Urzeit zu mir. Kam die gebieterische Bora auf, zitterte die Macchia lange im Vorfeld. Dieser Wind brachte erst in sanften kleinen, dann in immer heftiger aufbrausenden Durchrüttelungen alles in rauschende Bewegung. Die Gräser leuchteten erst kurz, dann schon wie wankend immer weiter in ihrem Geleit, bis der Wind schließlich über alles herrschte und die Landschaft sich seinem Klang ergab. Manchmal ging ich als Kind stundenlang barfuß und vergaß meine Angst vor den giftigen Schlangen. Dann wieder dachte ich nur an sie und ihre langen Leiber und hielt Ausschau nach ihrem gefährlichen Glitzern. Die vielen Katzen unseres Hofes, die uns alle von allein zugelaufen waren, halb wild, halb bereit, sich kurz mal berühren zu lassen, folgten mir lange nach. Es hieß, sie hätten sich uns ausgesucht und würden so lange bei Haus und Hof bleiben, bis jemand anderer sie brauchte. Wir brauchten sie offenbar jetzt. Der Himmel, sommerlich und mittelmeerisch blau, gehörte stets zu diesen Hirtengängen und zu den friedlichen Blicken der Kühe, die eine beschützende Gegenwärtigkeit ausstrahlten, eine Art Wissen, das mir jedes Mal naheging, wenn ich bei ihnen sein durfte. Sie wurden zu Verbündeten des Atems, zu Mitgehenden in meinem Leben, Verwandte einer größeren Familie. Meine Menschen-Verwandten wohnten alle weit weg, einige konnte ich zu Fuß erreichen, aber auch dafür musste ich mindestens eine halbe Stunde gehen. Anders als die Menschen schenkten die Tiere mir eine bleibende Aufmerksamkeit und mit ihrer Treue blieb ich liebend verbunden. Ging der Sommer zu Ende, überfiel mich dann aber tiefe Trauer, weil ich wusste, schon bald im Herbst würde man sie schlachten, man würde sie ausweiden, einsalzen und räuchern und in Fleisch und Nahrung für unsere Körper verwandeln. Diese Augenblicke des Gewahrseins trugen zu einer unmittelbar vertiefenden Verbindung mit dem lebendigen Augenblick bei. Im vorweggenommenen Abschied von den Tieren fühlte ich nun umso mehr die Schönheit ihrer bedingungslosen Anwesenheit in meiner kleinen und überschaubaren dörflichen Welt. Danach aß auch ich das

Fleisch der Tiere. Irgendwann Anfang zwanzig hörte ich urplötzlich damit auf. Bis auf eine kleine Unterbrechung esse ich seit über dreißig Jahren kein Fleisch mehr. Zu viele selbst gesehene Schlachtungen halten mich bisher davon ab, die Körper der Tiere als Speise zu betrachten. Auch habe ich selbst zu oft den Tod in den Augen der Tiere gesehen, der sich in ihnen durch alles, was die Menschen taten, bemerkbar machte, erst leise, dann entschieden in Schreien entlud, die eindeutig von fühlenden Wesen stammten. Aber auch die Pflanzen leben, alles lebt – und jeder Mensch muss für sich selbst seinem Wesen gemäß entscheiden, in welcher Beziehung er zum Lebendigen steht und in welchen Kreislauf er selbst eintritt.

Mehr als nur die Körper der Tiere sprach von Beginn an deren Bewusstsein zu mir. Ich spürte deutlich, dass sie ihre Umgebung genau wahrnahmen, aber nichts an ihrem Schicksal ändern konnten – und das irgendwie auch zu wissen schienen. Bis heute spricht dieses Gewahrsein der Tiere, ihre eigene Art von Anwesenheit zu mir, in ihren Augen ist immer ein anderes Ufer, eine Verbindung zur unsichtbaren Welt. Diese Welt ist wohl nur für den auf äußere Sinne angewiesenen Menschen unsichtbar, die Tiere nehmen sie genau wahr und helfen uns, zu anderen Augen zu kommen, zu Augen, die wir nicht schließen können. Auch Inselito trug diese Präsenz in sich, als ich ihm auf La Gomera begegnete. Mehr noch, sein Bewusstsein blinzelte meines an, öffnete es für mich, und seine Anwesenheit traf auf mein Wachstum, auf mein verändertes Hiersein, auf die Gräser, die Blumen, die salzige Luft, auf den Duft des Meeres. All das ging durch mich hindurch und sprach mit der anderen Landschaft in mir, mit den anderen Palmen und Blumen aus einer anderen Zeit, mit der Schafgarbe und dem wild wachsenden Bockshornklee, und es stieß eine genauso vielschichtige wie rätselhafte Unterhaltung in mir an, die die Zeit bündelte und die mich seitdem überall auf der Welt als grüne Sprache anblinzelt. Was ist Zeit in diesem verdichteten Vokabular des Lebens? Das Tiefste vergeht, um dort zu bleiben, wo nur das innere Auge es erkennt. Ob an einer großstädtischen Berliner S-Bahn-Station, an der Wildblumen und Gräser wachsen, in denen eine Amsel ihr singendes Sein verbringt, oder auf einer üppigen kanarischen Insel – die Verquickung von Umwelt und Leben findet und zieht meinen Blick auf sich und lässt mich teilhaben an diesen geheimnisvollen Bildströmungen, die meine Augen zur Natur führen und in Umgebung verwandeln, in einen Spiegel für das andere Leben, während alles zur Sprache hinaufführt, zu den Halmen der Wörter, zum Wind, der durch sie schwingt und in meinem Hören vorstellig wird. Wie aber bin ich auf diesen Weg gekommen, der dieses Hören nach sich zieht? Vielleicht ist schon diese Frage falsch. Ich bin auf meinem Weg, weil ich der Weg bin, weil ich eingebettet bin in die Ausdrucksweisen der Natur. Jeder Mensch ist sein eigener Weg, sein eigenes Leben, einer eigenen leitenden Sehnsucht anheimgegeben. Die Tiere und ihre Blicke erzählen von diesem unendlich sich verfächernden Sein im Netz des Lebendigen. Kein Weg kann gelöscht werden, ohne dass gleichsam von allein eine Lücke, eine Aufmerksamkeit für die ganze Umwelt entsteht. Welchen Wegen ich folge, hängt aber davon ab, was im Inneren mitgeht, wie ich an einem bestimmten Ort in der Natur oder bei einem Tier und seinem Blick, bei seinen Bewegungen verweile. Tiere, die der Mensch gewaltvoll unterwirft, erzählen unmittelbar vom Vergehen gegen das Lebendige. Ist der Mensch ein Gebieter, zeigt am deutlichsten die Beziehung zu seinen eigenen Gefühlen, ob und wie er innerlich zurücktreten kann oder ob er seine Macht missbraucht. Bei Wut, bei Jähzorn fangen die Körper an, nach entsprechender Möglichkeit zur Entladung, nach Resonanzen zu suchen. Ich habe das bei meinem Großvater und bei meiner Mutter jahrelang beobachtet. Die Aggression stieg in ihnen wie ein Wetter auf und suchte dann nach Land, um sich dort entäußern zu können. Was unausgesprochen dem Menschen untersagt ist, gewaltvoll am anderen Menschen zu tun, vollzieht er, ohne zu zögern, am Tier. Leute, die Tiere schlagen, sind auch fähig, Kinder und überhaupt Menschen zu schlagen, ihnen auf irgendeine Weise zuzusetzen. Gewalt schmerzt aber nicht nur in dem Moment, in dem sie vollzogen wird, sie reicht viel weiter und zerstört auf tiefgründige Weise die wohltuenden Näheverhältnisse. Gewalt nimmt nicht nur Tier und Mensch den Platz, an dem sich ihre Unversehrtheit befindet, sondern löscht auch die magische Umwelt aus, innerhalb derer Vertrauen entsteht. Dieser Ort der Lebendigkeit hat eine innere und eine äußere Ausdrucksform, die unverwechselbar ist und die in allen Lebewesen mitgeht.

Während ich und Inselito durch das Valle Gran Rey spazierten und ich dabei die meiste Zeit seinen Routen folgte, fiel mir eines Tages auf, dass sich auf diesen Gängen eine neue Ruhe in mir ausbreitete. Die neue Ruhe war alt. Ich kannte sie aus meiner dalmatinischen Kindheit seit dem Erlebnis mit den Schachbrettblumen und ganz besonders aus den Sommern, in denen ich lange und ausgiebig die Verwandlungen der Natur beobachtete, den Insekten zuhörte oder den Bewegungen der Katzen nachspürte. Etwas unumstößlich Klares lag in dieser Ruhe. Und sie ließ mich nun erneut auf alles in Genauigkeit schauen. Die bezeugte und die erlebte Gewalt rückten in mein Bewusstsein als Teil eines Zusammenhangs, in dem sich die erlittenen Erfahrungen aller Beteiligten spiegelten und ein Muster bildeten. Wie die berühmte russische Puppe Matrjoschka lagen sie ineinander und warteten darauf, einzeln herausgenommen und betrachtet zu werden. Was aber geschieht, wenn das geschieht? Ich begriff, dass es einen Platz in der Welt gibt, der von der Gewalt nicht ausgelöscht werden kann, weil er sich jenseits von ihr befindet. Eine innere Instanz in mir schaute auf die Gewalt, konnte aber nicht von ihr gekapert werden. Und plötzlich war ich durchweg erstaunt darüber, dass ich Inselito auf der Vulkaninsel so folgte, wie ich nie einem Menschen hätte folgen können. Kam ich nicht schnell genug hinterher, blieb er stehen und wartete auf mich. Unversehens befand ich mich Tag um Tag mit ihm auf einer beglückenden und mein Sichtfeld erweiternden Wanderung. Der Phönizische Wacholder, Strandflieder, Agaven, Feigenkakteen, zwei Meter hohe Farne mit langen Bartflechten, Hibiskus in allen Farben und Größen, die Kanarischen Dattelpalmen und paradiesisch gelbe Glockenblumen – all das trat in meine Wirklichkeit nicht nur als äußere Schönheit der Natur, sondern als eine Ebene in meinem Blick, die an meinem Gleichgewicht arbeitete. Inselito, dieser auf Zeit zugewiesene Freund, zeigte mir eine Möglichkeit, Innen und Außen miteinander ins Gespräch zu bringen, sie zu versöhnen, indem er mich zeitgleich sowohl an die alte Ruhe als auch die Gewalt erinnerte und dabei mein Augenmerk auf die Pflanzenwelt der Insel als Unterstützung lenkte. Von außen betrachtet, tat ich in dieser Zeit aber nichts anderes, als auf Inselito aufzupassen. Von außen gesehen übertrug sich also eine andere, eine nur kausale Geschichte, die das einzelne Ereignis zeigte, nicht aber die Verbindung aller Sinne und mein eigentliches Erleben. Was ist innen, was ist außen? Wenn ich nur von außen schaue, gibt es überhaupt keine Geschichten zu erzählen. Alle erzählten Geschichten sind Geschichten aus dem schon verbundenen Inneren. Indem Geschichten erzählt werden, gleiten sie über in die Welt des Sichtbaren und zeigen, dass Ganzheit der Wirklichkeit näherkommt als eine einzelne Wahrheit, die sich jenseits der Beziehung wähnt. Mit Inselito gelang es mir, Bild für Bild in meiner Erinnerung abzutasten. Zugleich nahm mich meine Vergangenheit ins Visier. In diesem Zustand der Empfänglichkeit erlebte ich die zeitlose Gegenwart mit dem Hund genauer. Die Tiere, das empfand ich immer deutlicher, sind *immer* frei und zugleich sind sie uns anvertraut. Die Liebe der Tiere nimmt keine Unterscheidung und keine Trennung im Raum des Lebendigen vor, in ihr ist alles noch miteinander verbunden. Auf meinen Wanderungen mit Inselito fühlte ich aber auch, dass ich genauso frei und zugleich diesem Tier anvertraut war. Bestand in dieser Verwebung die eigentliche

Freiheit? Der kleine Hund und ich waren in nur kurzer Zeit eine Einheit geworden. Wie war das möglich? Das Unsichtbare in uns und zwischen uns zeigte sich als ein erfülltes, ein belebendes Werden, in dem aber das Tier viel unbedürftiger war als ich. Sein und Atmen, Gehen und Schweigen, Schauen und Fühlen bildeten eine Einheit und veränderten meinen Blick auf mich und meine Umgebung. Inselito und ich waren eine Insel auf einer Insel in einem Ozean. Und auch die Vorstellungskraft wurde Teil dieser magischen Umwelt, in der ich mich bewegte und die deshalb magisch war, weil nur ich sie in mir selbst sah.

Zu meiner ureigenen magischen Umwelt gehören nicht nur Inseln, Landschaften und Küsten, es sind immer auch die Tiere, die darin mitgehen, Tiere aus allen Zeiten meines Lebens, die ich sehen und berühren durfte, aber auch Tiere aus Erzählungen anderer Menschen und Tiere aus Büchern. Jeder Mensch hat ein Lieblingstier, ein bestimmtes Tier, dem er sich besonders nah fühlt. Ich selbst habe die anschmiegsamen Katzen immer den Hunden vorgezogen, aber in entscheidenden Augenblicken sind Hunde zu mir gekommen, ohne mich zu fragen. Und ich durfte von ihnen in einem wichtigen Moment lernen, in dem sie in meinem Leben auftauchten. Ohne Inselito hätte ich die verwandelnde Kraft der erinnerten Bilder aus meiner Kindheit nicht oder erst viel später zugelassen. So aber bündelte das Tier ganze biografische Stränge in mir und überführte mich in einen Zwischenzustand, der zwar von der persönlichen Erfahrung kam, aber darüber hinaus auch eine Unterhaltung mit meiner Vorstellungskraft führte. Mein Blick ging nun zum ersten Mal nicht nur nach innen, sondern auch nach außen und zeitgleich auch in die Vertikale, nach oben – und richtete in mir einen neuen Raum ein, ein Zimmer für mich allein, ein Durchgangszimmer namens Wahrnehmung. Durch Lucys Einladung, auf Hund und Haus aufzupassen, hatte ich mich selbst auf eine Reise begeben, die an meiner Tiefenwahrnehmung wie an meiner Tiefenatmung arbeitete. Inselito half mir, nicht nur meine Vergangenheit genauer zu sehen, sondern auch mich selbst in meiner Gegenwart wahrzunehmen. Ich fühlte, dass etwas Wesenhaftes in jeder Verwandlung lebt, dass die Gesprächspartner im Außen, selbst dann, wenn sie wie Lucys Hund nicht sprechen, etwas bisher Ungesehenes in Bewegung bringen, es in neue Ebenen des Mit-sich-selbst-Seins überführen. Die verstörenden Erfahrungen mit Gewalt konnte ich neu sehen, aber auch, dass alles miteinander verbunden ist und ein fortwährendes Gespräch anstößt. Die wilde, endlos üppige Schönheit der Insel und Lucys Vertrauen schenkten mir einen selbstverständlichen Platz, um den ich nicht kämpfen musste. Damals begann meine Rückkehr zur Unversehrtheit, eine Rückkehr zu mir selbst und zu der Erkenntnis, dass ich nicht austauschbar bin und zugleich alles andere Lebendige mit mir als ebenbürtig da war. Es war für mich nicht wichtig, eine spektakuläre und im Falle von La Gomera tatsächlich atemberaubende Schönheit der Natur zu erleben, viel bedeutsamer zeigte sich mir die Genauigkeit, mit der ich in diesem bestimmten Augenblick meines Lebens mit der Landschaft verbunden war, einer Landschaft, die voller Augen und Ohren war und die das Gesehene und Gehörte mit mir teilte. Die zu mir sprechende Umgebung kann aber auch ein ganz normaler Wald sein, der mich umfängt und der mir erzählt, dass wir eine Einheit bilden. Du bist hier, ich bin hier, ein Wir ist am Werk. Oder im Werden. Die magische Umwelt entsteht, wenn wir sie reden lassen und unser Handeln mit ihr in Einklang bringen.

Ich lebe heute mit meinem Mann und unserer kleinen Tochter abwechselnd in Berlin und in einem Weiler am Rande der Mecklenburgischen Seenplatte. Fußläufig von unserem alten Feldsteinhaus befindet sich ein Wald. Nach und nach kam in diesem Wald ein geerdetes Gefühl des Zuhauseseins zustande. Aber erst als der Wald sich uns als ein bewohnter zeigte, empfanden wir Ehrfurcht vor der grünen Oase. Das Grün hatte uns mit der Zeit in seinem Logbuch verzeichnet, andere Notate seiner Lebendigkeit zeigten sich uns schon bald. Eines Tages lernte ich ein riesiges Wildschwein kennen. Am frühen Abend machte ich einen Spaziergang und wollte unbedingt den gewohnten Weg verlassen. Ich beschloss, querfeldein zu laufen und eine neue Route auszuprobieren. Kurz zuvor hatte ein Sturm getobt und riesige Bäume entwurzelt. Zwei prachtvolle, vom Wind niedergestreckte Buchen lagen sichtbar vor mir, große Wesen, die eine Grenze bildeten. Doch ich ignorierte das, da springe ich drüber und werde am Ende mit einem neuen Weg belohnt werden, dachte ich. Ich wollte ohnehin nach einer neuen Joggingstrecke Ausschau halten. Kurz vor den im Sturm entwurzelten Bäumen hörte ich aber plötzlich ein gebieterisches Raunen, dem schnell ein beeindruckender Schrei folgte. Er ließ mich in die Richtung schauen, aus der er gekommen war. Rechter Hand entdeckte ich sogleich das Tier und hielt in der gleichen Sekunde inne, atmete einmal kurz durch, drehte mich auf dem Absatz um und ging langsam und so leise, wie ich nur konnte, wieder zum Hauptweg zurück. Als ich weit genug entfernt war, fing mein Herz an zu klopfen. Mein Körper hatte ganz genau gewusst, was zu tun war. Erst später an der Lichtung verstand ich, dass ich einer Bache, dem weiblichen Wildschwein, begegnet war und dass sie ihre Frischlinge beschützte. Die gebieterische Tonlage ihres Ausrufes hatte mich sofort gemaßregelt und mir in Sekundenschnelle einen nicht zu verhandelbaren Platz zugewiesen, der mir schlagartig die Umgebung vergegenwärtigte. Hier war anderes *Leben* zu Hause. Es ging nicht nur um mich und meinen Entschluss, mutig im Wald nach neuen Wegen Ausschau zu halten, sondern darum, Leben wahrzunehmen. Wie in einem Traumwald wurde mir nur wenige Minuten von unserem Haus entfernt eine Unterrichtung zuteil, die mich an beiden Empfindungswelten Anteil haben ließ. In meiner eigenen Welt, in der Welt meines die Umwelt lesenden Körpers, aber auch in der Welt des Tieres und seiner eigenen Lebensumgebung, stieß ich auf mir rational bekannte, nun aber fühlbare Zusammenhänge. Es war ein neuer Zustand in mir selbst, der mich diese Verbindungen bis hin in den Schlaf bewusst wahrnehmen ließ. Es war sehr beeindruckend zu wissen, dass nur wenige Minuten von uns entfernt diese und andere große Tiere lebten, deren Hufspuren wir schon oft beim Unterwegssein im Wald bestaunt hatten. Allein dieses Erlebnis trug dazu bei, Gestaltung und Umgestaltung, dem nach Goethe ewigen Sinne ewiger

Unterhaltung, auf diese magischen Umgebungsverquickungen zu übertragen und zu sehen, wie sich alles miteinander in Beziehung befindet. Tiere und Menschen sind Mittler bestimmter Topoi und seelischer Zustände, wenn wir das Zufällige als etwas sehen lernen, das uns anvertrauend zufällt und das uns deshalb auf eine mit dem bloßen Verstand nicht zu begreifende Weise *kennt*. Es meint uns und weiß um uns. Die Bache hatte mich längst gewittert, und durch die beschützende Kraft, die sie für ihre Frischlinge aufbrachte, zeigte sie mir, dass wir uns schon vor meinem Entschluss, in Richtung der entwurzelten Bäume zu gehen, unterhalten haben, sie mich an der Biegung wahrgenommen und dann im gegebenen Moment in die Schranken gewiesen hatte.

Ich denke bei diesem Erlebnis auch an jene Sperlingsgeschichte von Turgenjew, die ich in Lew Tolstois Lebensbuch *Für alle Tage* entdeckt habe, ein Werk, das auf seine ganz eigene Weise die Essenz seines inneren Lebens zu sein scheint. *Der Sperling* von Turgenjew wäre mir ohne meinen Hunger nach Tolstois geistigen Referenzen vielleicht nie begegnet, obwohl mich mein begonnenes Slawistikstudium und meine tiefe Liebe für die russische Literatur seit jeher zu vielen Lektüren führt, die fast nie zum Alltagskanon meiner deutschsprachigen Umgebung gehören. Dieses russische Bücherleben ist für mich ebenso eine magische Umwelt, wie es die Natur vor meinem Fenster ist. Es ist eine Buch-Umwelt, die mich auf ihre Weise an innere Orte lotst und zu Gedankensprüngen ermutigt, die meine Sinne und die Wahrnehmung der Welt anders verknüpfen. Turgenjew kam also eines Tages von der Jagd zurück und lief einen

Gartenweg entlang, während sein Hund vor ihm herlief, der mit einem Mal seinen Schritt verlangsamte und zu schleichen begann, als wittere er Wild vor sich. Turgenjew blickte den Weg entlang und sah einen winzigen Sperling, der aus dem Nest gefallen war, da ein heftiger Wind in den Birken brauste. Hilflos und wie versteinert versuchte er, die kaum beweglichen Flügelchen zu spreizen. Turgenjews Hund näherte sich ihm langsam, doch plötzlich flog wie aus dem Nichts vom nahen Baum ein alter und, wie Turgenjew sagt, schwarzbrüstiger Sperling gerade vor seine Schnauze herab und sprang mit seinen gesträubten Federn piepsend zu dem großen Hunderachen voller Zähne hoch. Der Vogel war losgestürzt, um sein Junges zu retten, um es mit seinem Körper zu beschützen. Sein eigener kleiner Körper zitterte dabei vor lauter Angst. Sein Stimmchen habe dabei, so Turgenjew, wild und heiser geklungen, es sei fast vergangen, denn es habe sich geopfert: »Als welch riesiges Ungeheuer musste ihm der Hund erscheinen! Und dennoch konnte er nicht auf seinem sicheren Ast sitzen bleiben.« Eine Macht, heißt es weiter bei Turgenjew, stärker als sein Wille, habe ihn von dort hinabgeschleudert. Der Hund sei stehen geblieben und habe offenbar diese Macht respektiert. Paralysiert von der Szene habe Turgenjew seinen verwirrten Hund zu sich gerufen und sich mit Ehrfurcht im Herzen entfernt. Er notiert dazu: »Ja, ich empfand Ehrfurcht vor diesem kleinen hochherzigen Vogel, vor seinem Liebesausbruch.« Die Sprache, die er hier wählt, ist mir sehr nahe, weil sie so gut zeigt, dass diese Liebe nichts mit einer Blickweise zu tun hat, die rein rational ist oder die Besitzansprüche stellt, sondern eine radikale Kraft ist, die aus dem Raum der Natur und der ihr innewohnenden Beziehungsgeflechte aufscheint. Nur durch die Liebe, die Turgenjew nach seinem Sperlingserlebnis als Stärke erlebt, die den Tod und die Todesangst übersteigt, regele und erhalte sich das Leben.

Die umgekehrten Lebensblicke gehen in der Regel zeitgleich in vielfache Richtungen. Während ich der Bache ihr mecklenburgisches Terrain überließ, ließ auch sie mir Platz darin. Und während ich auf La Gomera auf Inselito aufpasste, passte er auf mich auf. So half er mir, meine Angst und die ihr zugrundeliegende Beschriftung zu entziffern, aber auch, mich den vergessenen Erzählungen meiner Familiengeschichte zu stellen. Dieses Lesen und Hinabsteigen in Vergessenes leitet den gleichen Vorgang ein, von dem Turgenjews Sperlingsgeschichte erzählt. Auch La Gomera, die Insel selbst ist darin Erzählerin, das Vulkangestein, die Weite des Himmels, das Blau des Atlantiks, der Flug der Vögel, der Sonnenaufgang, der Sonnenuntergang, die Geräusche in der Nachbarschaft, Lucys Vertrauen in eine vollkommen unbekannte Person, mein Sprung ins Nichts einer plötzlich in mein Leben getretenen Einladung zur Beziehung. All das zusammengenommen wirkte sich verlebendigend auf mich aus, und die Zeit spielte hierbei keine Rolle, sie öffnete nur in einem bestimmten Moment eine innere Luke durch das Zusammenspiel von Licht und Schatten in meiner Gegenwart und in meinem Gedächtnis. Ich befand mich auf einer Insel und konnte ein gut zur Seite geschafftes Innenland in meinem Bewusstsein sichten und hatte durch den dafür nötigen zeitlichen Abstand die Möglichkeit, im Schutz der

Insel und der Gegenwart an die in mir eingefrorene Stelle in Zeit und Raum zu reisen. Ich konnte sehen, dass *Sehen* wirklich etwas ändern kann, dass ich mit dem Erschauten weiterleben konnte und kann und dass das ganze Sein als Reise so beschaffen ist, dass ich die Kraft habe *zu schauen*.

Für dieses Sehen und Gesehenwerden gibt es immer wieder so etwas wie einen idealen Moment. Wir stürzen und der Sturz erzieht unsere Augen, nach innen zu sehen. Gelingt es mir nicht wie dem Sperling von meinem sicheren Ast zu springen, kommen immer wieder neue Einladungen zum Sprung. Dabei bin ich sowohl der Sprung als auch der am Boden liegende kleine Sperling. Zum ersten Mal begriff ich bei diesem langen Aufenthalt auf La Gomera, dass mir meine innere Luke schon viele Male diese Doppelnatur des Blicks geöffnet und ein empfindendes Verstehen nach innen erlaubt hatte, ich aber noch nicht bereit war, es in seiner Wirklichkeit anzuerkennen. Im Talmud heißt es, die Seele sei unsichtbar, doch nur sie allein könne sehen. Inselito stand zwischen mir und diesem unsichtbaren Raum, in dem ich das andere Sehen entdeckte, das ein forderndes Werden nach sich zog. Vielleicht hört dieses Werden nie oder nur im Tod auf, weil es ein Wachstum ist, das uns immer wieder neu schauen lässt und uns zur Sperlingsähnlichkeit bringt, indem es uns unsere Zeitlichkeit zeigt. Nur dort, nur an dieser äußersten Grenze der Verletzlichkeit, kann das innere Fenster entdeckt werden. Helfende Augenblicke und Brücken im Bewusstsein sind überall dort, wo die Gegenwart mit meinem Atem spricht und ich meinen Platz einnehme, von dem mich niemand vertreiben kann, weil ich dieser Platz bin. Die Bildwelt zeigt uns immerzu diesen Platz. Sie spricht anders als unser Kopf. Der Kopf steckt die Grenzen unseres Denkens ab, die Bildwelt aber überbrückt diese durch flimmernde Verbindungen. Das wilde Wissen muss deshalb den Verstand umgehen, ihn vergessen, um etwas Neues zu sehen und Heilung zu erleben. Auch wir haben einen Raum der Zwischenwelten in uns, der sich geflügelt, figürlich oder in einem Mischwesen ausdrücken kann, wie das etwa in der antiken mythischen Figur des Chiron verkörpert ist, der eine Art Urbild für Verletzlichkeit in unserem kollektiven Bilderatlas ist.

Chiron ist ein Tiermensch. Homer hat ihn als den gerechtesten der Kentauren beschrieben. In der antiken griechischen Mythologie sind die Kentauren Mischwesen. Halb Mensch, halb Pferd, waren sie mit einem genauen menschlichen Verstand und einer aggressiven animalischen Kraft ausgestattet. Sie werden als roh, lüstern und unzivilisiert beschrieben. Sie raubten Frauen und man sagte ihnen blinde Zerstörungswut nach. Sie schlugen mit Ästen, Steinen, entwurzelten Bäumen und Sträuchern, Keulen und sogar Felsblöcken um sich und nahmen alles zu Hilfe, was sich zum Erschlagen und Töten eignete, unterlagen aber immer dem Menschen. Ovid schildert in seinen *Metamorphosen* solche Gewaltorgien an jene in einer belagerten Stadt erinnernd, bei denen auf beiden Seiten ein brutal geführtes Gemetzel ein ungeheures Blutvergießen nach sich zieht, die Kentauren fliehen ins Gebirge und treiben dann dort ihr Unwesen weiter. Einer dieser Kentauren aber lässt sich nicht vom kriegerischen Treiben seiner Artgenossen anstecken und unterscheidet sich nicht nur dadurch gänzlich von ihnen. Auch seine Gestalt hat andere Ursprünge als die der gewalttätigen Kentauren, denn sie kam durch Verzauberung zustande. Kronos, der Gott der äußeren Zeit, war Chirons Vater, der sich selbst in einen Hengst verwandelte, bevor er der Nymphe Philyra beiwohnte; Kronos wollte sich so vor seiner Gemahlin Rhea verstecken. Eines Tages traf Chiron ein mit dem Blut der lernäischen Hydra vergifteter Pfeil, als Herakles auf die wilden Kentauren schoss. Der Pfeil verletzte Chiron am Knie und er litt fortan an einer unheilbaren und dauerhaft schmerzenden Wunde. Die quälenden Schmerzen ließen Chiron den Tod herbeisehnen, von dem er sich Erlösung versprach. Da er aber unsterblich war, musste er, als er mit Prometheus einen Tausch einging, seine Sterblichkeit in Kauf nehmen. So vollzog sich in ihm die Prophezeiung, die ihm seine Tochter Ocyroë, eine ekstatische Seherin, geweissagt hatte. In Ovids *Metamorphosen* lässt sie ihn wissen, dass die Götter ihn aus einem Unsterblichen zu einem Untertanen des Todes machen und die drei Schicksalsgöttinnen seinen Lebensfaden abschneiden werden.

Prometheus wurde also in Zeus' Spiel der Verwandlungen von einem Unsterblichen erlöst, der den Tod und das bewusste Sterben auf sich nahm. Den toten Chiron machte Zeus aber unsterblich, indem er seine irdische Umwelt, seinen Körper, symbolisch auf die magischen Ufer des Himmels setzte und ihn als Sternbild des Kentauren (*centaurus*) oder Schützen (*saggitarius*) an den Nachthimmel übersiedeln ließ. Diese äußerste Ferne ist für den verletzlichen und sterblichen Menschen ein magischer, weil aus dem Dunkeln als

Licht sprechender Raum. Innerlich ist er auch Bild der Seele für seine lange Reise in Richtung leuchtendes Erwachen. Der Weg von der irdischen, körperlichen Welt der Schmerzen in eine innere Dunkelheit ist Teil unserer holistisch-mystischen Abgesunkenheit in die Welt der äußeren Natur, zu der auch unsere Physis gehört. Wir können nicht immer nur weiterleben, uns sind Grenzen auferlegt, Grenzen in Zeit und Raum. Früher oder später müssen wir das Sterben, das Absterben erlernen. Chiron, halb Mensch, halb Pferd, zeigt den Weg einer Verwandlung, wie es auch Tiere oft tun, die durch ihre Anwesenheit einen neuen Blick auf Zeit und Körper, Dauer und Transformation herbeiführen, indem sie bezeugen, dass wir und sie *zeitgleich da sind*. Von Atem zu Atem und auch von Angesicht zu Angesicht. Doch Chiron unterscheidet sich zudem in seiner Erscheinung als Mischwesen von den anderen, gewalttätigen Kentauren durch seinen Edelmut und seine Friedfertigkeit. Das beschützt ihn zwar nicht vor Schmerzen, im Gegenteil, aber sein Bewusstsein lässt ihn diese genau wahrnehmen. Das Leiden zu spüren ist eine Fähigkeit, ein Zustand der Gesundheit. Chiron wird durch Zeus' Hilfe in eine andere Zeit hineingelotst, in jenen Bereich des Lebens, in dem Kairos das Innenmaß unserer Erfahrungen, Bilder und Erlebnisse mit den Mitteln des geglückten Moments sichtbar machen kann. In dieser inneren Zeit entsteht eine andere und beziehungsreiche Sprache. Der weit entfernte Raum der Sterne und ihre symbolisch an den Himmel gebannten Tierkreiszeichen treten in Verbindung zum eigenen irdischen Gang über Inseln und durch Wälder, die zusammen an einer größeren Umwelt malen.

Wir sind nicht mehr nur Ausgesetzte, sondern haben auch Anteil am Leuchten der Welt. Die Verbindungslinien fangen an, in uns zu denken, und die harschen Trennungen, die das Lebendige ins unerreichbar Unsichtbare abdrängen, werden überwunden. Die Annahme, dass unsere bloße Friedfertigkeit uns vor Schmerzen und Leiden beschützt, erweist sich im Laufe des Lebens als untragbar, denn sie zeigt, dass wir uns nur für etwas Besseres als die anderen Lebewesen halten und dass wir denken, nur wir selbst müssten oder könnten geschont werden. Aber warum sollen wir geschont werden? Warum sollen nur andere Wesen leiden? Und würden wir anderen ein Leiden wünschen, das uns selbst zusetzt, wenn wir dadurch von ihm verschont blieben? Warum?

Ich kehre innerlich bei diesen Fragen wieder zu Chio zurück, dem Hund meiner dalmatinischen Kindheit, der mir Tag um Tag zeigte, wie das Leben in ihm weiterging, wie er mit einem verlorenen Auge weiterlebte, mit dem erlittenen Schmerz weiter atmete. Ich fühlte, dass auch in ihm eine Sprache war, ein Erleben der Gewalt, er hatte sie nur hinnehmen können und sein Körper schien seitdem kleiner geworden zu sein, so als hätte er versucht, sich mit der Zeit unsichtbar zu machen. Angekettet an seine Hütte, sah mich sein unversehrtes Auge aber noch gründlicher als die beiden zuvor an. Kaum ein Tag verging, an dem ich nicht an die gewalttätige Hand des Großvaters dachte, die Chio das andere Auge ausgeschlagen hatte. Damals lernte ich von diesem Tier etwas über die Kraft der Ausdauer und über die Gnade eines langen Atems. Wer machte dieses Leben im übriggebliebenen Auge? Was ist Leben? Was ist Ausdauer? Ich erinnere mich genau an jenen Augenblick, in dem ich zum ersten Mal den Gedanken hatte, dass die innere Welt von Chio, dass sein Hiersein nicht so schnell ausgelöscht werden konnte, dass das Leben in ihm, was immer das war, sich zur Wehr setzte. Inselito brachte dieses Wissen und diese Fragen wieder wie eine Nahrung zu mir zurück. Blitzartig sehe ich mich nun von außen, sehe mich selbst als Kind an der Schwelle unseres dalmatinischen Hauses, sehe mich zum Hund hingehen, sehe meine Schritte, meinen Körper, meine Hände, die Chio das Futter in seiner Gefangenschaft reichen. Die Kette steckt so tief in seinem Fleisch, dass er am Hals blutet. Im Sommer sitzen dort die Fliegen fest und lassen ihn nicht in Ruhe. Ich muss vor der Begegnung mit Inselito diese Kette, diese Fliegen, dieses Blut in mir gelöscht haben.

Bevor ich auf Inselito aufpasste, lebte ich immer wieder über viele Monate hinweg auf La Gomera, eingebettet in der Schönheit und Weisheit kanarischer Flora und Fauna. In Lepe, dem kleinen Dorf im Norden der Insel, befand ich mich die meiste Zeit draußen und arbeitete viel im Garten. Carlos, mein damaliger Lebensgefährte, besaß das alte Schulhaus, das große Anwesen hatte er mit seiner früheren Partnerin gekauft, die uns auch manchmal mit ihrem Freund besuchte. Es war ihr Besitz, nicht meiner. Nichts davon gehörte mir persönlich und alles daran liebte mich als mir in der Zeit Zugewiesenes. Allein die vielen verschiedenen Grüntöne erlebte ich als eine Umarmung der farbenfrohen Natur. Einmal saß ich nach dem Bewässern des großen Gartens, der sich über mehrere Etagen ausstreckte und voller meterhoher Sukkulenten war, auf einer Treppe und hörte mit geschlossenen Augen dem Wind zu. Im kleinen Tal unterhalb des Hauses vernahm ich die El-Silbo-Rufe der Bananenbauern. Diese alte Pfeifsprache ist das Erbe der Guanchen, der Ureinwohner der Kanaren. El Silbo wird über die Luft und mit dem Wind über die grünen *barrancos* hinausgepfiffen. Das faszinierte mich vom ersten Tag an und kam mir vor wie eine Vogelsprache, die es geschafft hatte, die Menschen zu inspirieren und ihnen mitten in der modernen Welt Flügel zu verleihen. Als ich die Augen aufmachte, entdeckte ich einen flinken Salamander, der diese sonnige Stelle genauso liebte wie ich. Es war die kraftvollste Stelle, an der die Sonne und die Geräusche der Natur am besten wahrzunehmen waren, und wir mochten sie beide sehr. Der Blick war unverstellt, auf der gegenüberliegenden Seite, mit dem tiefblauen Atlantik dazwischen, befand sich die Insel Teneriffa, und ich sah auf den erhabenen Berg Teide. Mehr und mehr Salamander kamen zu mir, meine menschliche Gestalt störte sie offenbar gar nicht und einer von ihnen blieb über einen langen Zeitraum hinweg bei mir, ganz nah an meinen nackten Füßen. Wie auch immer ich mich bewegte, er erschrak überhaupt nicht, ging wie ein Pendel mit meinen Bewegungen ein wenig mit, blieb aber ganz treu bei mir und seine Ruhe übertrug sich auf mich als eine Sprache der Verbindung. Was er tat, wirkte sich auf mich aus, und was ich tat, übermittelte sich seinem Körper, der wie ein sanfter Seismograf alles von der Erde und von seiner Umgebung Kommende in sich aufnahm und in Elastizität und Schnelligkeit übersetzte. Sein grüngrauer, fein gemusterter Leib war flink, und seine Augen sahen mich freudig an, wirkten wie kleine Früchte aus der Mitte einer blühenden Korbblütlerpflanze. Ich empfand diese Gefährtenschaft als beruhigend und fing jedes Mal nach der Gartenarbeit an, auf den Salamander zu warten. Aber er kam nicht mehr, andere huschten an meinen nackten Füßen vorbei, genossen für Momente die wärmende Ruhe auf den Treppen und eilten flink ihren für mich unsichtbaren wichtigen Zielen entgegen. Die Ruhe, die ich beim ersten Gespräch mit dem kanarischen kleinen Freund innerlich und körperlich aufgebracht hatte, schien eine Art weiße Leinwand gewesen zu sein, die uns in dieser Einheit möglich machte. Ein großer und ein winziger Körper erkannten einander als Wärmegefüge, während der Sommer sich dahinstreckte und alle Farben in Tiefe, Höhe und Weite aufleuchten ließ. Unterhalb des alten Schulhauses befand sich ein schönes kleines Tal, in dem die Bauern ihre Bananen anbauten. Hin und wieder sah ich von der Treppe eine rote oder blaue Mütze, die ihnen Schutz vor der starken Sonne bot. Während die Kanaren-Eidechsen durch den großen Garten, die Plantagen und an den wunderschönen Bananenstauden vorbeihuschten, führten die *silbadores* in aller Seelenruhe auf der ganzen Insel mit ihren Pfiffen über Schluchten und *barrancos*, schroffe Felsen und Plantagen, die wie kleine Urwälder aussahen, ihre Gespräche. Wer die Pfeifsprache verstand, konnte ihnen antworten. Im Vorbeihuschen taten das auch die Tiere. Ziegen etwa beobachtete ich beim Innehalten, wenn El Silbo gepfiffen wurde. Sie hoben den Kopf und senkten ihn nach einiger Zeit, fast als hätten sie ein Satzende oder ein Komma erahnt, so als wollten sie damit sagen, ah, die schon wieder, sie erhoben ihre eigene Stimme und grasten dann weiter auf den grünen Terrassen, die unzählige Farbtöne zeigten und an einem Teppich der Üppigkeit webten. Manchmal verbrachte ich Stunden mit dem Erschauen der Grüntöne und der unterschiedlichsten Pflanzen. Alles in der dortigen Inselnatur sprach mich an und erzählte von den Verbindungen und Wirkungen, die die Farben, Töne, Wörter, Gestalten und die Elemente auf uns haben, und dass sie eine zeitgleich sichtbare und unsichtbare Ummäntelung unserer Körper sind, arbeitende Kräfte, rufende Farben, einladende Wege, zuzuhören und wirklich schweigen zu lernen. Das Pfeifen der Gomeros hatte für mich etwas von einem Traum. El Silbo ist eine alte Hirtensprache. Das Pfeifen, das wie der Nationalpark Garajonay mittlerweile auf der UNESCO-Welterbeliste geführt wird, war aus dem Zusammenleben der Insulaner mit ihren Tieren entstanden. Vor einiger Zeit ist El Silbo sogar als Schulfach auf La Gomera eingeführt worden. Wer jemals auf dem über 1200 Meter hohen Tafelberg La Fortaleza war, weiß, wie schön sich diese Sprache anhört und wie die Landschaft sich vor einem ausbreitet, so sanft und rau in einem, wie ich es sonst nirgendwo auf der Welt erlebt habe. Die Ureinwohner von La Gomera haben diesen Tafelberg als Opferstätte genutzt. Er thront über allem und sieht aus wie ein Altar. Im nahe gelegenen Dorf Chipude weht in den Wintermonaten ein eisiger Wind, und die Nebel senken sich so tief herab, dass man wie in aufgeschäumter Milch geht, Schritt für Schritt ins Nichts, ins Unbekannte einer anderen Zeit, hinein in ein anderes Zeitmaß jenseits der Uhren. Im Norden der Insel kann es manchmal im Winter sehr kalt sein. In Las Hayas, dem anderen kleinen Bergdorf, in dem ich oft mit Inselito war und in dem ich vorher schon viel Zeit verbracht hatte, konnte ich den eisigen Wind am deutlichsten fühlen. Das Dorf befindet sich in der Nähe des Nationalparks Garajonay und ist umgeben von einer Hügellandschaft, märchenhaft umrundet von unzähligen Palmen, die sich nachdrücklich im Wind ihren schwingenden Gesängen hingeben, als würden sie damit an der Landschaft arbeiten, sie formen und verändern in allerkleinsten Schritten. Jedes Mal, wenn ich in Las Hayas war, wanderten die Ziegen frei umher und schauten mich mit ihren großen Augen an, als wollten sie überprüfen, ob ich auch wirklich zu ihrer Erde hier gehörte, zu diesen wie in Farben schwebenden und doch ganz festen Wegen, zu diesen singenden Winden und der Wärme einer Sonne, die dem vielschichtigen Grün der *barrancos* und Palmen ihre Freundschaft schenkte. Einige der Ziegen, die mich dort oft inspiziert haben, gehörten Doña Efigenia, der Inhaberin der Bar Montaña. Ich lernte diese mir fremde und doch so vertraut wirkende Frau auf einer meiner Wanderungen kennen. Ihr Hirtenhund ging mit ihr. Das kleine Haus, in dem ich hin und wieder in Las Hayas übernachtete, gehörte meinem damaligen Lebensgefährten Carlos. Es befand sich in direkter Nachbarschaft zu Doña Efigenias Wohnhaus. Als sie es erbaute, hatte sie keinen Strom. Mein Freund überließ ihr den Schlüssel, damit sie jederzeit Zugriff hatte. Sie wollte deshalb jahrelang kein Geld für das Essen in ihrer Bar haben, jedes Mal mussten wir mit ihr streiten, um doch noch für die bei ihr eingenommenen Mahlzeiten zu bezahlen.

Einmal sah sie mir bei einem dieser Mittagessen auf ihrer schönen weißen Terrasse und im Rauschen der nahen, wohlriechenden Eukalyptusbäume tief in die Augen und fragte mich aus dem Nichts heraus: *¿Dónde está tu tierra?* – Wo ist deine Erde? Sie stellte diese Frage, die mir noch nie jemand gestellt hatte, und alles daran erweckte mich. Es war eine Frage, die mir im Grunde genommen schon ihre Ziegen gestellt hatten, als sie mich mit ihren Blicken inspizierten. Es war, als sei in Sekundenschnelle Doña Efigenias Gesicht, ihre Stimme und die Art, wie sie ihre Frage stellte, Teil meiner eigenen inneren Landschaft geworden und als helfe sie mir in ihrer Bar, in diesem Wind und Wetter ausgesetzten Bergdorf, das zu finden, was mein eigener Weg, meine eigene Erde war. In der Ferne hörte ich wieder die Hirten, die El Silbo pfiffen. Als ich mich von Doña Efigenia verabschiedete und sie mir wieder einmal ein Gläschen von ihrem köstlichen Palmhonig zusteckte, sah ich abermals unzählige Ziegen an den Eukalyptusbäumen. Sie schienen auf mich zu warten. Die Hunde bellten. Die Tiere gingen mit den Pfiffen der Hirten in Verbindung und gingen los. Auch ich brach zu einer kleinen Wanderung auf, nahm einen der stilleren Wege hinab ins Tal des Großen Königs, die seltener von Touristen ergangen wurden. Nur dieses eine Mal traf ich leibhaftig auf einen pfeifenden Hirten und hörte ihn nicht nur aus der Ferne. Die Ziegen gingen mit ihm, schwirrten durch den Wind und an mir vorbei wie in einem Traum und ihrer Zukunft entgegen. Als sie mich streiften, spürte ich, dass sie und ich, der Hirte und die Bäume, das Grün der Palmen und das Blau des Himmels, dass wir in diesem

Augenblick Erde waren, dass diese Erde das war, was wir Verbindung nennen, und die Hirtenhunde bellten im Einklang, als würden sie meinen Gedanken mit ihrer Anwesenheit betonen. Ich setzte mich hin, schraubte das Honigglas auf, nahm mir mit einem Finger etwas vom *miel de palma* und ging weiter. Der Hirte pfiff immer wieder, auf der anderen Seite der Hügellandschaft antwortete ihm jemand, und diesem Hirten sprach wieder ein anderer zu. Wie in alten Zeiten unterhielten sie sich über die Täler hinweg. Ich stellte mir vor, dass sie wie früher auch mit ihren Angehörigen in Kontakt traten, die ihnen in noch weiter abgelegenen Tälern pfeifend antworteten. Sie redeten mithilfe der Luft und des Windes miteinander, ganz besonders dann, wenn sie ein Tier oder Teile ihrer Herde verloren hatten. Ich dachte an meine eigenen kleinen Hirtengänge im sozialistischen Jugoslawien zurück, an die Morgenstunden, wenn ich in aller Frühe im dalmatinischen Dorf meiner Kindheit aufbrach und bis zum Abend Teil der Landschaft blieb. Wenn die Tiere mir verloren gegangen waren, musste ich sie immer einzeln finden – wie schön wäre es damals gewesen, jemanden im Dorf in einer Pfeifsprache um Hilfe zu bitten.

Der Nationalpark Garajonay auf La Gomera war unzählige Male für mich ein beschützender Ort und erinnerte mich mit seinem immergrünen Lorbeerwald und den riesigen Auswuchtungen in seiner bergigen Gestalt an ausgestorbene Tiere, er war von gebieterischer Ruhe und Kühle, dass ein Aufenthalt auf der Insel ohne eine Wanderung im Lorbeerwald undenkbar war. Ich trat in die grüne Lunge der Insel wie in einen Märchenwald ein. Voller kleiner Wunder war dieser Wald, der durch den Nebelniederschlag und die täglich sich durchsirrenden Passatwinde eine unwirkliche Landschaft wurde, die mich viele Jahre bis in meine Träume begleitete und zu mir sprach, klar, deutlich, Baum für Baum, Moos für Moos, Farn für Farn in sich aufnahm, so als sei dieser magische Außenraum eigentlich auch ein durch eine Kreisbewegung verbundener Innenraum, der mir neue Wirklichkeiten erschloss. In diesem Innen-Außen wurde ich wieder mit Gedichten in Beziehung gebracht, die ich über Jahre hinweg vor mich hin sprach. Als Erstes tauchte damals das *Traumwald*-Gedicht von Heiner Müller in mir auf. Hoch oben im immergrünen Lorbeerwald der Insel begegnete es mir neu, spülte meine innere Umwelt nach außen, während die Vögel und Insekten die Luft durchschwebten und alles im Wald auf mich einsprach, zu mir hin pochte und vor sich hin bebte, mich dabei aber wie in einer inneren Zeit einverleibte. Ich fand mich in einem größeren Körper wieder, der meinen eigenen umarmte. Mein Wald war nicht wie Heiner Müllers Wald voller Grauen. Aber ohne mich zu fragen, machten sich der Wald im Gedicht und der Wald auf der Insel an die Arbeit der Verknüpfung. Sie verwoben ihre Bäume in mir, bis ein neues Alphabet der Selbstbegegnung in mir entstand. Ganz oft in meinem Leben konnte ich die Herausforderungen der Freiheit tragen, weil diese Anwesenheit der Schönheit, das Eingewobensein im Ganzen zu mir sprachen und nie verloren gingen.

Genau wie im Gedicht von Heiner Müller, in dem das lyrische Ich sich selbst anschaut und am Ende auch weiß, dass es sich selbst erblickt, sah in meinem Alltag auch mich ein Ich an, das bereit war für *das Absterben*, ein Wort, das ich zum ersten Mal bei Teresa von Ávila, der katholischen Mystikerin jüdischer Herkunft gelesen hatte. Es schenkte mir ein Bild für die transformierenden Kräfte der Seele. Wir sterben ab und gehen mit jeder Neuerung im inneren Leben der Verwandlung entgegen. Dieses Gehen ist kein Sterben, sondern ein Geschältwerden, eine Häutung. Teresa von Ávila greift bei der Beschreibung dieses Nach-innen-Gehens zu den in uns abgelegten Schatten auf das Bild der Reptilien zurück. Bevor wir uns verwandeln, müssen wir uns selbst sehen lernen und die Reptilien stehen für bestimmte innere Orte unserer Dunkelheit, die wir lieber töten, also verdrängen würden, als sie zu betrachten oder gar als zu uns zugehörig zu erkennen. Die Reptilien müssen nicht so getötet werden, wie es den zwei Schlangen meiner Kindheit widerfahren ist. Sie sind nur Bildvermittler, tief in uns abgesunkene Zeichen unserer mit allem verwobenen Reise. In Augenblicken immenser Freude, wenn es gelingt, den Abgrund, einen eigenen Schatten oder Schmerz in Erkenntnis zu überführen, sind wir nichts anderes als Orangen für das Leben und das Leben ist eine Orange, an der die Reptilien kein Interesse mehr haben. Sie verschwinden und verschwimmen im Reich der Farben, verschmelzen mit den unsichtbaren Wegen, so wie das Gedicht von Heiner Müller mit meinem Wald verschmolzen ist. Seit fast dreißig Jahren lese ich dieses Gedicht. Und irgendwann verfestigte sich im Lorbeerwald der Gedanke, die darin vorkommenden Tiere seien mit jenen aus meiner Kindheit verwandt. Auch sie unterhalten sich miteinander. Auch sie überspringen die

Zeit. Ich bin der Ort ihrer Sprünge und ihrer Mitteilungen. Jenseits der Zeit klopfen sie mich ab und ich durchschreite zeitgleich Wald und Traum:

Heut nacht durchschritt ich einen Wald im Traum
Er war voll Grauen Nach dem Alphabet
Mit leeren Augen die kein Blick versteht
Standen die Tiere zwischen Baum und Baum
Vom Frost in Stein gehaun Aus dem Spalier
Der Fichten mir entgegen durch den Schnee
Trat klirrend träum ich seh ich was ich seh
Ein Kind in Rüstung Harnisch und Visier
Im Arm die Lanze Deren Spitze blinkt
Im Fichtendunkel das die Sonne trinkt
Die letzte Tagesspur ein goldner Strich
Hinter dem Traumwald der zum Sterben winkt
Und in dem Lidschlag zwischen Stoß und Stich
Sah mein Gesicht mich an: Das Kind war ich

Während ich im Außen den Lorbeerwald im Norden La Gomeras durchschritt, gingen innerlich dieses Gedicht und der alte Traumwald der Kindheit mit. Die im Gedicht stehenden Tiere zwischen Baum und Baum traten in eine Zwiesprache zum Kind, das sich an Schwellen und in Umgebungen der Gewalt eine äußere Rüstung angelegt, aber nie in dieser Rüstung verschanzt oder mit Harnisch und Visier ausgestattet hatte, um sich vor der Welt zu verstecken, durchaus aber, um sich zu beschützen. Ich wusste, zu was die Menschen fähig sind, und ich fühlte wohl das, was nur Dichtung gebündelt ins Bewusstsein und in Sprache übergeben kann: Der

Traumwald ist unser Leben, in ihm versteckt ist das Wissen um die Möglichkeit, sich selbst anzublicken. Doch sieht uns erst einmal das eigene Gesicht an, wird auch alles andere in diesem Blick gebündelt. Das Sehen ist umfassend, es denkt nicht im Singular. Sein Arbeitsfeld sind die Wärmelinien aller Himmelsrichtungen. In meiner Kindheit war das Angeblicktwerden von den Tieren eine der tiefsten Erfahrungen jenseits von Sprache für mich. In ihren sanften Augen sah ich mich immer als Teil von ihnen. Diese Unterhaltung ohne Worte ist Wirklichkeit. Ich war ein Menschenkind, das aber in den allerersten Jahren eigentlich ein Tierkind war. Nicht die Erwachsenen behüteten mich, sie stießen mich fort und zurück zu den Leibern und Augen der Tiere. Die Kleine schleicht hier herum wie eine Katze, sagte eine Tante, die zeitweise auf mich aufpasste. Sie redete über mich, als sei es nicht möglich, mit mir zu sprechen. Kann ihr jemand mal etwas zu futtern geben? Die braunen Augen der Katze sind ja heute besonders funkelnd. Andere Verwandte, wenn ich ihnen zur Last fiel, weil ich Hunger hatte und es sie offenbar manchmal auch wissen ließ, wenn ich an ihrem Esstisch nicht sitzen durfte, sondern in der Nähe herumstand, sagten: Dieser Hund da drüben, der frisst uns heute noch die Haare vom Kopf weg. Sie lachten über meinen Hunger und benannten ihn mit Namen von Tieren, die ich liebte. Ging ich mit den Tieren, vor allem mit den Kühen morgens zur Weide, witzelten die Nachbarsfrauen: Das kleine Kälbchen bringt die großen Kälbchen zum Grasen raus. In mir entstand ein Gefühl der Menschenferne, so als sei ich gar nicht Teil der Menschenwelt oder als dürfte ich diesen Platz nicht einnehmen, als müsste ich meinen Körper, mein Menschsein, meine Bedürfnisse verstecken. Und das tat ich auch. Ich beschloss, lieber zu hungern, als bei diesen Leuten nach Essen zu fragen. Einmal probierte ich sogar, Gras zu kauen, wahrscheinlich, weil ich mir damit mehr Unabhängigkeit erhoffte. Und als ich später kein Fleisch mehr aß und einen Familienbesuch absolvierte, sagte eine meiner Verwandten, deren selbstgeräucherten Schinken ich höflich ablehnte, ja, Kühe essen auch kein Fleisch, die sind mit Gras zufrieden. Sie lachte dabei so laut, dass ihre gelben Zähne sichtbar wurden. Ich hatte Angst, sie würde sich dabei verschlucken, aber sie tat es nicht.

Die Menschen im dalmatinischen Dorf meiner Kindheit sahen in den Tieren mehr oder weniger nur ihren Besitz. Sie kauften sie auf Viehmärkten, handelten bezahlbare Summen für sie aus, feilschten auf von Palmen beschirmten Plätzen und gaben mit lautem Geschrei ihren Stolz bekannt, wenn sie sich ein Tier leisten konnten. Von Anfang an waren die Tiere als Nahrung vorgesehen. Aber sie schenkten ihnen doch auch Freude. Dennoch ging ihre Beziehung zu ihnen nie so weit, dass sie in ihnen zu Leiden fähige Wesen erkannt hätten. Allein bei den Lämmern war es anders, diese rührten manchmal etwas Tiefes in ihnen an. Für Augenblicke liebten sie sichtlich sanft ihr weiches Fell, wurden kindlich und strahlten über das ganze Gesicht, wenn sie ihnen nahekamen. Dann aber verschluckten der Alltag und die harte Arbeit auf den Feldern jenes sanfte Gefühl, das Aufscheinen eines kurzen Glücks, und die Fähigkeit, das Leben im Tier zu sehen, verschwand genauso schnell, wie sie gekommen war. Auch wir hatten mal ein Lämmchen. Großvater brachte es eines Tages vom Viehmarkt aus der Stadt nach Hause. Zwei Stunden lang war das fast schneeweiße Wunder mit zusammengebundenen Beinen mit ihm im Bus aus Split in unser stilles Hinterland gereist. Als Großvater es losband, strauchelte es ein wenig und kam dann sogleich zutraulich auf mich zugewankt. Das Lämmchen liebte ich mit größter Innigkeit. Als es irgendwann geschlachtet werden sollte, weigerte ich mich, mitzuhelfen, und widersetzte mich dieses Mal den großväterlichen Anordnungen. Aber dem Lämmchen geschah trotzdem, was allen Tieren geschah. Wieder stand ich an der Schwelle. Großvater trug nun selbst das Lavabo. Mit verschränkten Armen sah ich den schönen Kopf des Tieres langsam rot werden. Nach der Schlachtung wurden ihm die Ohren und die Augen ausgekocht. Die schmeckten sogar am allerbesten, hieß es, man würde nach ihrem Verzehr selbst noch besser hören und sehen. Auch die Zunge des Lämmchens wurde später gegessen. Welche Sprache sprach das Lamm? Konnten die Menschen diese Sprache nun auch sprechen? Vom Lämmchen aß ich selbst nichts. Ich wurde ausgelacht. Wenn ich an dieses schneeweiße Tier denke, stehe ich noch immer an der Schwelle und erinnere mich genau an das sanfte Anschmiegen seines warmen Körpers, erinnere sein bedingungsloses Vertrauen, seine ganz eigene Art, mich verspielt anzustupsen. Das Lämmchen ist es auch, das heute in der magischen Umwelt meines Gedächtnisses mit mir etwas teilt, das die Menschen meiner damaligen Umgebung nie verstehen konnten, weil sie aus einem anderen Verständnis heraus handelten. Durch das brüske Zupacken ihrer Hände war ich in meinem Empfinden mehr mit dem Lämmchen als mit ihnen verwandt. Und ergeht es nicht allen Kindern so?

Als ich mich geweigert hatte, bei der Schlachtung des Lammes mitzumachen, wurde ich auf eine merkwürdige Weise selbst zum Tierkind, fiel heraus aus den Koordinaten der Menschenwelt. Die Liebe der Tiere, die mir ohnehin Geborgenheit schenkte und mein Leben mit ihrem zärtlichen Verstehen bereicherte, schleuste mich ab diesem Augenblick in eine neue Familie ein. Auch wenn ich als Kind die Tiere nie vor dem Geschlachtetwerden beschützen konnte, setzte sich etwas Neues in mir ab, ich passte anders auf die Tiere auf, trug sie in meinem Inneren als Verwandtschaft und spürte, dass die Tiere mich im gleichen Atemgefüge als ihresgleichen erkannten. In einem Traum sagte mir ein Tier Jahre später: Du hast mich getragen, jetzt trage ich dich. Ich dachte nach dem Erwachen an das Lämmchen. Aber in der Kindheit war all das mein innerstes Verwobensein, eine Art Geheimnis, ja, etwas, das ich niemandem verraten wollte. Das Lämmchen verhalf mir mit seiner Anwesenheit nicht nur zu einem neuen Sein an der Schwelle, es verhalf mir auch zu einem an sich unmöglichen Nein, zu einem Austreten aus dem Regelwerk des Blutes, das jedem Töten folgte. Und aus der Rückschau betrachtet, hat dieses neue Erlebnis an der Schwelle dazu geführt, dass ich nicht nur aufmerksam war, mein ganzer Körper war diese Aufmerksamkeit, ein Organ meiner Wahrheit. Alles in mir vibrierte von diesem Augenblick an vor Anspannung, wenn etwas Böses in der Luft lag. Und wenn ich dem Bösen, der gemeinen Tat, dem gemeinen Wort nicht entkommen konnte, waren sie wenigstens keine Überraschung. Dieses Wissen hat das Lamm der Kindheit mir geschenkt. Noch immer sehe ich seine zusammengebundenen Beine, sein Straucheln, sein Aufstehen, fühle seine Wärme, sein Anschmiegen, sein Gehen an meiner Seite. Und ich denke an den Satz in meinem Traum als an einen Ruf aus meiner Gegenwart zurück: Du hast mich getragen, jetzt trage ich dich.

Auf La Gomera brachte die alte Pfeifsprache El Silbo meine innere Verbindung zu den Tieren, die ich als kleine Hirtin erlebt hatte, wieder in meine Wahrnehmung zurück. Nach Jahren des Lebens in der Stadt war diese Zeit in Vergessenheit geraten. Ich wurde auf der Insel an diese innere Wahrnehmung erinnert, die ich durch das Lamm und das Hüten der Tiere in mir selbst entdeckt hatte. Als Teil der Luft und der Landschaft empfand ich die kanarische Pfeifsprache als eine Art klangliche Einladung, die Augen zu schließen, ruhig dazusitzen, nichts zu tun. El Silbo verband Tiere und Menschen über die wie fernen Sagen entstiegenen grünen Terrassen, Schluchten und Buchten einer Insel, auf die mich ausgerechnet ein Ethnologe gelotst hatte. Auf La Gomera verknüpften sich meine Sinne neu, sie wurde meine Lebensinsel und schenkte mir nicht nur viele neue Beziehungen zu Menschen, die eine besondere Rolle für mich spielten, auch die Landschaft, die Erde, auf der ich ging, nahm ich neu wahr, die Formen und Farben und die Arbeit der Elemente. In seiner mir nachleuchtenden Schönheit verdanke ich dem grünen Reich am Atlantik eine grundsätzliche Verschiebung in meiner Wahrnehmung von Welt. Wenn ich von der Insel in die Stadt zurückkehrte, bedrängte mich die Lautstärke der Autos und Straßenbahnen; die Schnelligkeit und manchmal auch die Ruppigkeit in den Handlungen der städtischen Menschen überforderte mich. Ich spürte, dass die Erlebnisse auf der Insel in mir an einem anderen Blick bauten, sodass ich dort anders über mein Leben nachdenken, Zeit und Raum anders sehen konnte.

Die dortige Begegnung mit Inselito weihte mich nicht nur in tiefere Schichten des Bewusstseins ein, ich sah deutlich, dass meine innere Umwelt das an den Tieren begangene Leid in sich verschlossen hielt, sodass es mich wie mein eigenes belastete. Wie der verletzte Chiron fing ich an, das als Leiden in mir Abgespeicherte zu vergegenwärtigen, und entdeckte, dass in mir ein kleines Tierkind lebte. Es war verschmolzen mit dem Menschenkind, das zu niemandem gehörte und das dabei war, als eines Tages unser Esel von meinem Großvater in die Karstgrotte gestoßen wurde und dort mit gebrochenen Gliedern verendete. Als ich begann, meine eremitische Natur zu öffnen, halfen mir wieder die Tiere bei etwas sehr Wichtigem, doch dieses Mal wiesen sie mir nicht nur den Weg in die Einheit zu ihnen, sondern zeigten ihn mir zurück zu den Menschen. Ich ging in die Menschenwelt als Anfängerin meiner selbst. Doch ohne das Durchschreiten, das Sehen und Fühlen des Bitteren war das nicht möglich. Alles in mir hatte sich gewehrt, mit Menschen zu leben. Es doch zu tun, war keine Wahl. Es war der einzige Weg.

Ich habe vor vielen Jahren durch Fügung ein Bild gefunden, das mir geholfen hat, das Muster und die Verwandlungen des Leidens zu sehen. Als ich im Kölner Kolumba-Museum einen Vortrag hielt, stieß ich danach im Museumsshop auf eine Postkarte mit einem kolorierten Kupferstich. Das Bild zeigte eine Frau, die ich für eine Tänzerin hielt, und das Tänzerische am Bild sprach mich zuallererst an. Dann erst entdeckte ich, dass es sich um Maria Immaculata handelte, die ein langes Kleid trägt, das an seinem unteren Ende ein Schlangenmuster aufweist. Meine Augen schauten die Postkarte gebannt an. Und erst nach einer ganzen Weile bemerkte ich, dass Maria auf einer Wolke steht und zwischen ihr und der Wolke nichts anderes als eine robuste Schlange sitzt. Maria scheint sich wie in einem in die Schnelligkeit aufschwingenden Flamencotanz zu bewegen. Ihre Hände befinden sich vor dem Herzen, so als würden sie sowohl die Heftigkeit des Tanzes, als auch die Tanzrichtung vorgeben. Bei genauer Betrachtung scheint die Schlange ein Teil von Marias Kleid zu sein. Wach reckt sich ihr Kopf nach links und ihr Auge schaut sehr genau, aber sie fügt sich Marias Tanz. Die Schlange nimmt ihren Platz ein in dieser höheren Luft der Wolken, in diesem anderen Gewahrsein, während Marias Kopf von einer mehrschichtigen Aureole geschmückt wird. Das ganze Bild scheint ein Bild im Bild zu sein, gestickt, aber so fein, dass es flüchtig wirkt, Teil einer Luft, die auch schnell wieder verschwinden könnte. Die Schlange muss nicht getötet werden, sie darf verwandelt im Traumwald mitgehen. Nur mit ihr, dachte ich, in die Postkarte versunken, kann ich in diesem Wald gehen lernen. Die tiefe Verbindung zwischen Tier und Mensch wird in unzähligen Mythen und Sagen aller Kulturräume als eine vermittelnde gewürdigt. Diese großen kollektiven Erzählungen sind seelische Stoffe, die von den Grundfragen menschlichen Seins handeln und Brücken zwischen der sichtbaren und der unsichtbaren Welt bauen.

III

RISSE IM LEBENSGEWEBE

Im *Gilgamesch-Epos*, einem der ältesten schriftlich überlieferten Werke der Dichtung, spielt der Tiermensch Enkidu eine wichtige Rolle. Sein Name bedeutet so etwas wie »Sprössling der Stille«. Das Epos beschreibt das Leben des Halbgottes Gilgamesch, den eine Freundschaft mit dem Tiermenschen Enkidu verbindet. Höhepunkt des Mythos ist Enkidus Tod, der einen Augenblick fasst, in dem Gilgamesch erkennt, dass er nicht unsterblich ist. Erst dieses Erkennen, verbunden mit der Einsicht in die eigene Verletzlichkeit, führt ihn zu einem neuen und verknüpfenden Sehen. Im Epos begegnet uns auch ein Himmelsstier, der von unbändiger Kraft und zeitgleich menschenköpfig und geflügelt ist. Auch der furchterregende Skorpionsmensch kommt darin vor, eine vogelbeinige Erscheinung mit einem menschlichen Oberkörper und dem Unterleib eines gefährlichen Skorpions, der am Ende der Welt einen Wachposten einnimmt, den Zugang zur Sonnenbahn versperrt und dabei von seiner Skorpionsfrau unterstützt wird.

Einmal abgesehen davon, dass die mythische Bildwelt im *Gilgamesch-Epos* auch heute in direkter Beziehung zu der alchemistischen Dimension im Menschen Fühlung aufnimmt, die mit unserer archetypisch sprechenden Traumwelt verbunden ist, wird hier wie im altbiblischen Bericht über die Arche Noah auch die Geschichte einer großen und alles verändernden Sintflut erzählt. Mit der Rettung der Tiere in der Arche Noah wird ebenso zeitgleich, in einer Art Zwiesprache, das Leben und sein verknüpfendes Gefüge gerettet. Die innere und die äußere Ökologie beginnen innerhalb der beängstigenden Begrenzung eine tiefere und sinnstiftende Unterhaltung miteinander. Eine neue Zeit und ein neues Bewusstsein werden eingeleitet. Die Reise wird im äußeren Sturm zu einem Unterwegssein ins Innere. Die Verwandlung vollzieht sich im Wasser, dem Element des Werdens, sie ist zeitgleich konkret und symbolisch und führt zu einer neuen Wahrnehmung des Lebens. Doch nicht nur im Mythos, auch in unseren heutigen urbanen Räumen sorgen die Tiere für ein seelisches Gleichgewicht in uns, indem sie sich als ein Gegenüber offenbaren. Die Krisen und Kriege unserer Zeit zeigen, dass die Tiere in einem Augenblick der Bedrohung sichtbar werden. Das Schicksal des Menschen in unmenschlichen Zeiten ist auch das Schicksal der Tiere. Das konnten wir nach dem 24. Februar 2022 immer wieder aufs Neue sehen, als die durch den russischen Angriffskrieg auf die Ukraine flüchtenden Menschen nicht nur sich selbst zu retten versuchten, sondern auch ihre Tiere, die sie, etwa in Decken gewickelt, auf eine unabsehbare Reise mitnahmen, ohne zu wissen, wo sie und unter welchen Umständen am Ende ankommen würden. Die in den Zoos der Ukraine zurückgebliebenen Tiere ereilte ein ähnliches Schicksal wie jene Tiere im belagerten Sarajevo, die durch ihren Hunger die Menschen darauf vorbereiteten, was auch auf sie wartete. Die Tiere schauen zu, sie sehen uns an über Zeit und Raum hinweg. Selbst wenn wir sie nur auf unseren Bildschirmen betrachten, ihre Käfige erzählen uns dennoch von unserem eigenen Eingesperrtsein. Kriege veranschaulichen uns die Muster und Strukturen unseres Denkens und zeigen mit größter Brutalität in einem hochkonzentrierten Spiegelzustand alle unsere Lebenszusammenhänge. Die Gewalt erzeugt auf allen Ebenen des Seins Risse im Lebensgewebe, sie zerstört das Vertrauen und erschüttert bis auf den Grund des Seins das Selbstverständliche.

Wie wichtig Tiere für den Menschen sind, darüber waren sich beispielsweise auch die Nationalsozialisten im Hitler-Deutschland vollends im Klaren, als sie in zielgerichteter Menschenverachtung der jüdischen Bevölkerung sogar den Besitz von Haustieren verboten. Der berühmte Dresdner Philologe Victor Klemperer berichtet davon auf eindrückliche Weise in seinem Tagebuch. Gegen Abend des 15. Mai 1942 hält er diese Verordnung sogar wörtlich fest, weil er unmittelbar versteht, wie weitreichend diese in das Leben der Menschen hineingreift: »Sternjuden und jedem, der mit ihnen zusammenwohnt, ist mit sofortiger Wirkung das Halten von Haustieren (Hunden, Katzen, Vögeln) verboten, die Tiere dürfen auch nicht in Pflege gegeben werden.« Darin sahen Victor und Eva Klemperer, als sie über diese »niedere und abgefeimte Grausamkeit gegen die Juden« in ihrer Stadt Dresden nachdachten, ein Todesurteil für ihren Kater Muschel. Besonders Eva Klemperer war an das Tier gebunden. Ihr Mann wusste um den Halt und Trost, den es ihr schenkte.

In seinem Tagebuch heißt es, sie werde nun eine noch »geringere Widerstandskraft haben als bisher«. In welchem Ausmaß die Erniedrigung von Mensch und Tier seiner Frau Eva zusetzen würde, hatte er sofort verstanden. Auch war ihm klar, dass durch dieses Verbot, mit dem die Tiere ins Unsichtbare verdammt wurden, gezielt die Widerstandskräfte der Menschen innen und außen angegriffen werden sollten. Das Ehepaar entschied sich schweren Herzens, seinen Kater Muschel einschläfern zu lassen, »damit ihm die Angst des Abgeholtwerdens und gemeinsamer Tötung erspart bleibt«. Ein paar Tage zögerten sie noch, und als sie dann am 19. Mai hörten, dass ein Ablieferungsbefehl der Tiere bereits zu ihnen unterwegs war, nach dessen Eintreffen ihnen verboten sein würde, Muschel zu behalten, gingen sie am Nachmittag zum Tierarzt. Als der Kater eingeschläfert war, notierte Klemperer in seinem Tagebuch: »Das Tier hat nicht gelitten. Aber Eva leidet.«

In welchem Verhältnis die Tiere und Menschen angesichts der grausamen Zustände in Kriegen stehen, zeigte auch die Belagerung von Leningrad durch die Truppen der deutschen Wehrmacht. Der damalige Hunger erzählt nahezu Unaushaltbares darüber. Die insgesamt 900 Tage leidenden Leningrader mussten, da irgendwann keine Lebensmittel mehr die Stadt erreichten, sogar ihre Haustiere essen, bei denen es aber nicht bleiben sollte. Eine Überlebende der Blockade berichtet von der Selbstvergiftung eines jungen Mädchens, nachdem es mit ansehen musste, wie seine Mutter den Liebling der Familie, einen Kater, ausweidete. Der entsetzliche Hunger führte aber auch dazu, dass die

Menschen die toten Körper ihrer Nachbarn aßen. Was zuvor den Tieren geschehen war, geschah nun auch den Menschen. Etwa eine Million Menschen sind zwischen 1941 und 1944 im damaligen Leningrad verhungert. Die deutsche Wehrmacht benutzte Hunger als strategisches Mittel, um die Menschen zu zermürben. Anfangs gab es in der Stadt noch ein Kilo Brot pro Person. Doch die Ration wurde immer kleiner. Ab November und Dezember 1941, als die Deutschen das Nadelöhr Ladogasee unterbrachen, über das die Amerikaner Konfekt und Pressfleisch liefern konnten, fingen die Menschen in ihrer Not an, ihre Haustiere zu schlachten. Die Geschichte unserer Kriege ist immer auch eine im Verbund mit Menschen und Tieren erzählte. Nicht die Helden und ihre Befehlshaber zeigen, was Krieg wirklich ist, das Gesicht seiner Grausamkeit erzählt das in die Erniedrigung gestoßene Leben selbst. Nur im Frieden, der uns Zeit schenkt, können wir verstehen, wie bedeutungsvoll die Beziehung zwischen Tier und Mensch ist, welche Rolle sie füreinander spielen, indem sie Wärmelinien des Seins sichtbar machen.

Wie wichtig die Gefährtenschaft des Lebendigen ist, hat auch der Schriftsteller Wassili Grossman, der Berühmtheit mit seinem Stalingrad-Epos *Leben und Schicksal* erlangte, genau erfasst. Als Jude entkam er der Vernichtung, und in fast allen seinen Erzählungen, die zwischen 1940 und 1963 entstanden sind, teilt er Tieren eine symbolische Rolle und einen sichtbaren Platz zu. Wenn Sprache angesichts von Unmenschlichkeit versagt, findet er sie nur noch im Blick der Tiere. In ihren Augen ist noch nicht gelöscht worden, was die Gewalt im Menschen überschrieben hat. Der Wunsch, das Lebendige zu beschützen, ist durch die Anwesenheit der Tiere noch spürbar. Grossman erzählt die Geschichte eines Mannes, der sich im Berliner Zoo kurz vor dem Ende des Zweiten Weltkrieges hingebungsvoll um die Tiere kümmert, so als könnte er mit ihnen noch sein Vertrauen in das Leben erhalten und sich dazu bringen, nicht zu vergessen, dass es das gibt, diese innerste Stelle der Unversehrtheit. Der Krieg ist der Ort dieser Sichtbarmachung, weil er an der Auslöschung des Lebendigen auf jede Weise arbeitet. Manchmal ist es aber auch der äußere Frieden, der aufs Genaueste die Grausamkeit zeigt und der vor dem Hintergrund eines warmen Sommertages erzählt, wie zerstörerisch Hass ist, der aus dem nach innen verlagerten Krieg eines Menschen kommt. In meinem Kindheitsdorf kannte ich beispielsweise einen Mann, der wenig sprach und selten in der Lage war, die anderen direkt anzuschauen. Es hieß, er habe als Kind im Zweiten Weltkrieg viel Schlimmes erlebt und auch großen Hunger gelitten. Auch wenn ich Mitgefühl mit seinem Schicksal hatte, empfand ich seinen Blick, den er fast ausschließlich auf Kinder und Tiere richtete, wenn sie nicht zu ihm sahen, als bedrängend und unangenehm. Eines Tages entdeckte ich ihn an einem heißen Augusttag auf der Landstraße, die an unserem Haus vorbeiführte. Seine Schritte kündigten ihn auf dem damals noch nicht asphaltierten Weg an und das Knirschen, mit dem er sich auf dem Schotter unserem Tor näherte, erschreckte mich. Ich witterte ihn regelrecht, nahm jedes Geräusch und jede Bewegung wahr, die ihn ankündigten, während die Schmetterlinge im Garten herumflogen. Mit meinem Körper spürte ich eine bedrückende Gefahr, die von dieser Gestalt rührte. Ich tastete ihn, im Haus hinter dem Vorhang versteckt, mit innerlichen Sinnen ab, denn dieser Mann, obwohl er mir vorher nie etwas getan hatte, versetzte mich in eine Art Alarmzustand. Weder rief er nach mir, noch öffnete er unser Tor, was normalerweise die Menschen im Dorf immer taten, wenn sie am Haus vorbeigingen, weil sie Durst hatten oder uns kurz auf ein kleines Gespräch besuchten. Obwohl er an unserem Haus vorbeiging, hörte mein Herzklopfen, das eigentlich ein Herzrasen war, nicht auf, wie jedes Mal, wenn ich ihn wahrnahm, geriet ich in Panik. Irgendetwas an seiner ganzen Erscheinung erschütterte mich. Ich konnte es bei diesem ersten Mal nicht wissen, aber er sollte fortan immer wieder an unserem Haus vorbeikommen. In absehbarer Regelmäßigkeit knirschte er sich die Landstraße hinauf und drängte sich mit seinen Schritten auf dem Schotter in die Stille meiner Landschaft. Die Macchia nahm die Wucht seines Ganges in sich auf, etwas zitterte in mir, ein Schreck, eine Gewalt drängten in meine Sprache, und obwohl ich innerlich beschloss, ihn nicht mehr durchs Fenster zu beobachten, spürte ich seine eigenartigen Schritte schon im Vorfeld, sie hallten regelrecht in mir nach, so als würde er in meinem Inneren anklopfen. Ich sah ihn dann auch schon die Landstraße hinaufgehen, sah, dass er sehr konzentriert ging und geradeaus schaute und sich dabei unbeobachtet wähnte. Als ich mich dann an seine Gestalt gewöhnt hatte, entdeckte ich eines Tages, dass er etwas in der rechten Hand trug. Es war eine schwarze Ledertasche, die schwer zu sein schien. Nie vorher hatte ich bemerkt, dass er etwas bei sich hatte, und diese Entdeckung beunruhigte mich zutiefst. Als ich anderntags unsere Milch zum Genossenschaftsladen brachte, hörte ich die Unterhaltung zweier Frauen mit, die sagten, genau jener Mann, der Tag um Tag an unserem Haus vorbeiging, habe wieder die jungen Hunde weggebracht. Es nehme überhand, man müsse sich um ihn kümmern, vielleicht jemanden aus der Stadt anrufen, um ihn abholen zu lassen. Der Mann wurde nie abgeholt, niemand rief irgendjemanden, um mit ihm zu sprechen. Er ging wieder und wieder die Landstraße hinauf und trug seine schwarze Tasche mit sich. Ich schaute mir jedes Mal an, wie er sich fortbewegte, er ging langsam, zuerst in der sengenden Hitze, dann bei peitschendem Wind und später im Schneegestöber. Eines Tages stieg ich die Außentreppe unseres Hauses hoch und ging auf unsere große Terrasse, um wenigstens einmal zu sehen, wohin er ging und was es mit seiner schweren Tasche auf sich hatte. Ich konnte mir nicht vorstellen, dass er darin kleine Welpen trug, kam dabei fast um vor Angst, sah aber, dass er nur wenige Schritte von unserem Haus entfernt nach rechts in die wilden Gärten abbog. Von dort ging er immer weiter geradeaus, bis kurz vor den herzegowinischen Bergen sah ich ihn noch gehen, dann verschwand er aus meinem Blick und kam Stunden später wieder zurück. Diese Szene vermischt sich in mir mit einem ähnlich eigenartigen Ritual, das meinem Vater immer wichtig war. Auch er trug bei seinen Spaziergängen eine Tasche bei sich und verschwand in der grünen Macchia wie jemand, der keine Zeugen wünschte. Nicht nur der menschliche Körper ist ein Seismograf, alles in der Natur, die Tiere, die Grashalme, auch die Luft ist ein in sich zusammengefügtes Archiv. Dieses sprechende Archiv nimmt alles in sich auf, zeichnet es in sich und in uns ein, wir können es lesen. Wir sind dieses Archiv. Darin sind auch wir, unsere Körper und unsere Taten eine abgespeicherte Lektüre. Heute bin ich mir sicher, dass der unheimliche Mann wirklich kleine Welpen wegtrug und sie irgendwo in der freien Natur tötete. Er habe die kleinen Hunde immer nur als kleine Hunde geliebt, hieß es damals im Dorf. Wären sie größer geworden, hätte er es nicht ertragen. Vielleicht hat dieser merkwürdige Dörfler mit seiner Grausamkeit mir damals als Erster geholfen, in diesen rätselhaften und zugleich abstoßenden Raum des Wissens um die Taten anderer einzutreten, meine Angst zu überwinden, hinzusehen und zu lernen, in unsichtbare Gedanken und Gedächtnisse wie in greifbaren Katakomben abzutauchen. Ich unterhielt mich mit diesen verschiedenen Schichten und Ablagerungen in seiner Aura. Unbewusst hatte ich die alchemistischen Zwischenräume unserer Sprache beim Studium der Europäischen Ethnologie und Kulturanthropologie in der Weisheit und in den tiefer gehenden Blickweisen anderer Kulturen gesucht. Diese Suche war ein erster Versuch, meinen in mir gebündelten Wahrnehmungen zu begegnen und sie mit meinen Gedanken zu greifen, weil ich darin etwas erkannt hatte, das mir schon in der Kindheit begegnet war. Nun vermischen sich in mir die kleinen Hunde meines Vaters, seine hingebungsvolle Liebe und seine Sanftmut im Umgang mit ihnen mit der großen Ledertasche des Dörflers, über den die beiden Frauen im Genossenschaftsladen sprachen. Zwischen dieser Hingabe und der schwarzen Tasche jenes Mannes, vor dem ich große Angst hatte, klafft eine riesige Lücke. Sie ohrfeigt meine Erinnerung, und ich empfinde tiefen Schmerz, wenn ich an das Verschwinden der Hunde denke, die geschenktes Leben waren. Die Geschichte der verschwundenen Welpen erzählt bis in die feinsten Verästelungen auch mein eigenes Nervensystem, seine Verbindungen und Öffnungen. Für diese Erzählung, die mir als Auskunft fürs eigene Leben mitgegeben wurde, haben viele Tiere meiner Kindheit mit ihrem Leben bezahlt. Ihre Opferung ist mehr als nur ein Verschwinden, es ist eine Tötung, die auch mich symbolisch tötete. Jedes in böser Absicht getötete Tier erzählt mit seinem zur Seite geschafften Körper von dieser Gleichung und verweist zur gleichen Zeit auf die barbarische Ebene der Menschenwelt.

Tiere und Menschen sind in meinem inneren Werden über die Jahre hinweg in ein Gewebe übergegangen. Wie kann ich sie überhaupt voneinander getrennt denken? Dieser aus beiden Richtungen gewebte Gobelin des Lebens spricht durch Einzelnes über das Ganze. Die Tiere stehen dabei allein für sich und sind keineswegs nur ein Bild, sie sind Leben, kein Symbol, und das zu lernen ist eine Aufgabe. Ich lerne es in aller Langsamkeit, auch während ich diesen Text schreibe, ich lerne, die Tiere als Einzelwesen zu sehen, als Einzelerscheinungen wahrzunehmen, so, wie ich es als Kind getan habe, als ich verstand, dass kein Tier zu ersetzen ist, auch wenn viele ihm nachfolgen, die ihm ähnlich sehen. Doch bin ich, genauso wie sie, weit davon entfernt, vom bloß natürlichen Zustand einer möglicherweise seit Urzeiten imaginierten Vereinzelung sprechen zu können. In uns allen leben vielfach überschriebene Bilder von Tieren, und immer weniger Menschen wachsen mit ihnen und ihrem wachen Blick auf.

Die Pferde meiner Kindheit sind befreundet mit jenen, die Marilyn Monroe als Roslyn Taber in dem Film *The Misfits* so sehr liebt, dass sie alles tut, um sie zu retten. Die Geschichte, die dieser Film erzählt, handelt vordergründig anfangs zwar von der Liebe zwischen zwei Männern und einer Frau, erzählt aber im Grunde genommen von der unbändigen Kraft der Wildpferde, die zu fangen und zu verkaufen sie beschließen. Als ein dritter Mann hinzukommt, wird es naturgemäß kompliziert. Zusätzlich findet Roslyn dann heraus, dass die Pferde zu Hundefutter verarbeitet werden sollen. Es ist merkwürdig und aufschlussreich für mich, dass mir trotz vielfachen Anschauens nicht viel mehr vom Inhalt des Films in Erinnerung geblieben ist und ich mich ausschließlich mit den Pferden darin identifiziert habe. Die Wildpferde verbanden mich nicht nur mit den Pferden meiner Kindheit und mit einer Zeit der Langsamkeit, der Kutschen und Heuwagen, sondern auch mit meinen eigenen Verwundungen, die mit dem Leid der Tiere verknüpft sind. Der Esel war für mich in meiner ersten Kindheit der kleine Bruder der Pferde. Dieser Esel schreibt an diesem Buch mit und hilft mir, seine Geschichte zu erzählen.

Treu und stark war er, ausdauernd und ohne aufzubegehren trug er alle Lasten, die Großvater ihm aufbürdete. Chio bellte schon lange nicht mehr so laut wie früher. Das fehlende Auge hatte ihn zwar nicht seiner ganzen Kraft beraubt, aber die wilde Schönheit seiner zielstrebigen Sehnsucht und der Auskundschaftungen war nur noch eine traurige Erinnerung seiner Entmachtung. Das eine Auge schaute mich sanft an und er gestattete mir, während er seinen Kopf auf dem zementierten Boden zwischen seinen Pfoten ablegte, dass ich ihn streichle. Er spitzte seine Ohren im Grunde die ganze Zeit, ohne eine Pause nahm er jedes Geräusch noch genauer als früher wahr. Einmal bemerkte ich an der Spannung, die von seinem Körper ausging, dass etwas Ungewöhnliches in der Luft lag. In seinem Gesicht bemerkte ich eine Konzentration, die mehr als nur die übliche Aufmerksamkeit war. Dann erblickte ich den Esel auf unserem Hof, den ich bis dahin gar nicht bemerkt hatte. Er war wohl allein aus dem Stall oder von der Weide direkt an die Haustür gekommen. Ich sah erst gar nicht, was er tat, weil ich mich sehr an seiner Gestalt erfreute. Der Esel, dieser Zeuge meiner frühen Jahre, ist auch der Mittler zwischen den einzelnen Schichten meiner Erinnerung geworden. Alles in mir wehrt sich dagegen, hinzuschauen, in die Täler der Bilder abzusteigen, doch muss ich es tun. Und der Esel schenkt mir Kraft, seinen Tod zu erzählen. Ich habe mich Jahre, Jahrzehnte darauf vorbereitet. Und bin doch nicht vorbereitet. Denn obwohl ich den Tod des Esels erzählen will, zögere ich genau das hinaus. Ich anerkenne damit nicht seinen Tod, ich will ihn nicht anerkennen. Als könnte ich das Tier dadurch noch retten, es vor der Gewalt bewahren, die ihn am Ende ereilt hat, schaue ich weg. Doch der Esel sieht mich an, er sagt, komm, komm mit, er streckt mir seinen Kopf hin, seine Augen, seine Ohren, er sagt es wieder, komm!, sagt das Tier, fass dir ein Herz und erzähle mit mir zusammen, wie es gewesen ist für dich, für mich, wie der Tod kam, zu dir, zu mir. Und dass der Tod ein Mord war, bei dem ich zuschauen musste, das überlässt das Tier meiner Sprache. Sie springt mir davon, springt zu seinen Augen, zu seinem Atem und dann in den Karst, fliegt dorthin, wo ich allein es nicht bestehen, es nicht geschehen lassen kann, dass es diesen Tod gibt. Doch genau dort fanden wir uns alle wieder, im Tod fanden wir uns wieder, der Großvater, das Tier und ich. Chios Ohren hatten mich also auf den Esel aufmerksam gemacht. Der Esel hatte genauso Hunger wie ich. An der von Großvater mit Innigkeit gepflegten Weinrebe wollte der Esel sich sättigen. Ja. Ich sah es richtig. Irgendwie störte mich das gar nicht. Der Hunger des Tieres berührte mich, seine Zielgerichtetheit, seine Sanftmut und doch auch die Beharrlichkeit, mit der es seinen Kopf hob und senkte, um sich an den einladenden grünen Blättern zu sättigen. Anders als ich, nahm es sich, was es brauchte. Die frischen Blätter schienen genau das Richtige für seinen Hunger zu enthalten und mit großen, freundlichen Augen kaute es genügsam das gute leuchtende Grün der Reben. Als ich ganz in mich versunken und zugleich in der Betrachtung mit den Bewegungen des Esels eins geworden, ja mit seiner Anwesenheit verschmolzen war, stürmte mit einem Mal mein Großvater wütend aus dem Haus. Sogleich fiel mir auf, dass er keine Mütze trug. Das machte mich stutzig, da er sonst zu allen Jahreszeiten seine Kopfbedeckung für unverzichtbar hielt und nie ohne die Mütze das Haus verließ. Als Nächstes erblickte ich seine Hände, stark und wuchtig schossen sie durch die Luft in Richtung der Eselsohren, ließen sich, plötzlich groß und

Schlaghände geworden, auf den Kopf und die Augen des hungrigen Tieres nieder. Der Esel erschrak und hielt inne. Ich erschrak und hielt inne. Der Hund erschrak und hielt inne, er winselte in seiner Hütte. Ich erstarrte, schaute, nun in Entsetzen gebettet, auf den nimmermüden Flug der grausam gewordenen Hände. Das Gesicht des geliebten Menschen verzerrte sich grimassenartig und wurde mir unendlich fremd. Starre zwang mich ins Vereisen, innerlich, und das Eis hielt meine Brust fest, so wagte ich nicht, mich von der Stelle zu rühren. Die Stelle, an der ich stand, war wieder *die Schwelle*. Die schlagenden Hände, nun schon Waffen geworden, zischten gnadenlos auf das Tier los, schnitten die Luft entzwei, schnitten sie weg aus dem Raum der Menschlichkeit und meine Lungen litten in der Starre, in ihnen krampfte sich ein Knoten zusammen, meine Lungen weinten; ich verdeckte mir die Augen mit den Händen. Chio bekam alles mit einem Auge mit. Chio, mein Chio winselte. Esel, der Esel, mein Esel stöhnte im Schmerz auf, der Schmerz schrie in ihm, ich, in Starre, starrte ihn an, wie tut es heute noch weh: Aber ich ging nicht zu ihm hin, ich blieb wie angewurzelt an der Schwelle. Vor Schmerz bückte das Tier sich fast, fast schon in die Knie gezwungen, bezwungen seine Freiheit, seine Sanftmut, gelöscht sein Hunger, seine Lunge zählte nicht, nur die Schläge zählten, da verzählte die schlagende Hand sich nicht. Ich lebte kaum noch als Zeugin und meine Hände griffen, Fingerkuppe um Fingerkuppe, im helfenden Tastsinn zu, wozu all das, dieses Schlagen, ich drückte mir die Nägel ins Fleisch, ich – bin nicht mehr Kind, bin nur noch Schmerz an der Schwelle. Meine Hände griffen ineinander, um ein Bündnis mit etwas zu suchen, das mir Halt schenkt. Doch es gab nur mich selbst. Die Suche verweist noch auf die Lücke, die mich befreit von der stummen, nicht Sprache gewordenen Schuld, ich bin darin die Liebe ohne Atem, die Liebe liebte das Tier so sehr, dass auch ich verschwand unter dem brüsken bohrenden Sturm, der bereit war, eine Auslöschung einzuleiten, alles auszumerzen, was das Tier war, und so fühlte es sich an, wie der gewollte Tod, wie der zielgerichtete Tod an allem Lebendigen. Leben, mein Leben versteckte sich an der Schwelle, Gnadenlosigkeit griff das Eselsleben an, griff und griff, schlug und schlug, es zwang das starke Tier nun wirklich in die Knie – das Leben lebte noch ein bisschen im Widerstand des Tieres, aber nicht im Großvater, nicht in diesem sonst ja fast immer vertrauensvollen Menschen. Nur der Zorn zornte, schrie in ihm. So ein Jähzorn war das, so ungesehen bisher, das begriff ich bald, der wollte noch mehr. Es war ein Schmerz, der mir bis unter die Fingernägel einzog, ich drückte wieder Nagel für Nagel in Finger nach Finger, um den anderen, den Schmerz des Tieres nicht fühlen zu müssen. Das hielt meine Ohnmacht ab, ich konnte noch sehen, aber musste nicht verstehen, nie werde ich verstehen, warum all das geschehen musste, warum es so geschah. Während die Nägel sich ins Fleisch bohrten, konnte ich sehen, dass es so weit war, dass der Esel sich nun ergab wie einst die Tiere, die geschlachtet werden sollten, sich den Männern und ihren Messern ergeben hatten. Der Esel kämpfte nicht mehr. Er wirkte nun bereit, er nahm an, dass es Zeit war, Zeit zu gehen, Zeit, nicht mehr auf dieser Erde mit vier fleißigen Beinen zu stehen,

Zeit, sich ins Nichts zu lehnen, des Lebens nun müde geworden, im Anblick des zuschlagenden Menschen, der noch einen dicken Ast zu Hilfe sich geholt hatte und Ast und Mensch verbündeten sich als eine wirkungsvolle Waffe. Doch als das Tier nun, in die Knie gezwungen, nur noch ein Weinen war, hörte das Zischen und Schlagen mit Ast und Händen ganz plötzlich auf. Hoffnung stieg in mir auf. Denn der Krieg war weg, der Krieg nun schien vorbei zu sein. Innehalten. Durchatmen. Die Hände nicht mehr sich im Schmerz selbst halten. Ich bin noch heute jene Ruhe vor dem erschreckend großen, endgültigen Sturm. In dieser Ruhe stehe ich an der Schwelle, ich spüre die Ruhe, die Möglichkeit, die aus der Ruhe kommt, und falte nun die Hände, bitte, bitte alle Kräfte des Lebens, bitte sie, dem Tier zu helfen, Gott-im-Himmel-liebe-Engel, bitte alles in der Welt jenseits der Welt, bitte, bitte, sage ich innerlich, bitte lass das Tier jetzt leben. Aber es ist, wie es immer ist. Gott ist ein Mensch auf der Erde und diese trockene karstige Erde will etwas anderes. Meine Gebete werden nicht erhört. Meine Schwelle ist die Grenze der Liebe. Der wütende Mensch steht davor und ruht sich nur kurz aus von seinem Jähzorn, bloß ein bisschen ruht er sich aus und wird dann wilder Wind in der Stimme, sagt wie der Vorsteher eines untergehenden Reiches, der seine Macht davonreiten, auseinanderfallen sieht, diesen Satz, der mir endgültig innerlich alles gefrieren lässt. Dieser Satz, der eine Waffe, eine tiefe Gemeinheit in der Sprache ist: Zieh dir die Schuhe an, der Esel muss weg. Wohin mein-Gott-mein-Himmel-meine-Engel!, frage ich mich, stürze, rutsche aus in meinen Gummisandalen, rutsche so aus, dass ich gar nicht losgehen kann, meine Füße schwitzen vor Angst und Sorge und ich liege auf der Erde, ohne zu wissen, dass ich mit meinem Körper in diesem Augenblick dem Tier sein Ende zeige, dass ich mit meinem Körper sein Schicksal vorspiele, dass mein Körper das spielt, es in der Zeit vorspult, auch für mich, damit ich vorbereitet bin, vorbereitet auf diesen Untergang der Liebe, auf diesen Tod, der das Leben nicht nur im Tier, sondern auch für immer im geliebten Menschen auslöscht, auszulöschen scheint, aber so ist es nicht. Nur kurze Zeit später noch und auch heute, noch immer, liebt die Liebe in mir trotzdem meinen Großvater und formt diese Liebe, bearbeitet sie, wacht in mir mit all dem Wissen, mit der Frage: Du bist nicht mehr am Leben, aber ich muss es dennoch sagen, mein liebster Mensch der Kindheit, warum hast du gemordet?

Doch nicht nur der liebste Mensch der Kindheit, sondern auch ich, der Mensch meiner eigenen Kindheit, bin zugegen, als die Tat geschieht. Ich muss mitmachen. Ich mache mit. Ich bin wie ausgewechselt, weiß zwar nicht, was geschehen wird, doch ich könnte es ahnen. Ich könnte mich weigern. Wie beim Lämmchen. Ich könnte weglaufen. Der Befehl kommt. Ich laufe nicht weg. Nimm das Seil. Höre ich. Ich nehme es. Großvater bindet es dem Tier um. Es hat Durst, sage ich. Nein, *dieses* Tier hat keinen Durst, heißt es. Warum nicht, denke ich, es macht einen durstigen Eindruck. Wir gehen hinaus in den Karst, heißt es nun. Ich führe das Tier. Ich weiß heute, dass es mitging, weil ich es führte. Ich halte dieses Wissen fast nicht aus. Aber weil das Wissen weiß, dass ich es weiß, sage ich es mir selbst, indem ich es hier aufschreibe.

Ich führe also das Tier. Es folgt mir nach. Ich höre eine Art Zischen aus seiner durstigen Lunge. Ich höre das Geräusch, das um Wasser bittet. Und die Wälder weinen. Ich sage es noch einmal, es hat Durst, vielleicht können wir unterwegs zu unserer Wasserzisterne gehen, sage ich, wir können doch zum Weinberg gehen, der auf unserem Weg liegt, direkt auf dem Weg, den wir gerade gehen. Ja, sagt der Großvater. Aber das Ja ist eine Lüge, und ich höre die Lüge darin, höre genau das Vergehen darin und bin in der ganzen folgenden Zeit, der Auf-den-Tod-zugehen-Zeit, dem lügenhaften Ton, diesem falschen Ja, das ein Nein ist, ausgesetzt. Da ist sie, die Falschheit in der Sprache. Ich lerne sie hier kennen und sie zeigt sich auch im Körper des Großvaters, der Körper sagt es mir wie bei dem unheimlichen Mann auf der Landstraße. Das Ja ist kein Ja, es ist ein Nein, mein Großvater lügt mich an. Die Falschheit ohrfeigt mich. Ich werde sie fortan immer erkennen, nie verlernen. Ich lerne sie kennen, um im Wissen weiterzugehen, um zu üben, um auch dieses Zuhören zu üben. Ich gehe nun im Wissen um den bereits beschlossenen Tod des Esels weiter. Schritt für Schritt. Die Lüge lacht mich höhnisch aus. Der Esel ist mir anvertraut. Und wir gehen durch die Macchia wie durch einen für das Erkennen gemachten inneren Wald. Da durchschreite ich im Leben einen Traum. Er ist voll Grauen. Kein Blick kann verstehen, wie es ist, dieses Mit-dem-Tier-am-Seil-in-den-Tod-Gehen. An der Zisterne hieß es dann erwartungsgemäß, weiter, weiter, kein Wasser. Wir durchschritten die Weite der Macchia in großer Eile, kein Innehalten, kein Verweilen. Die Pflanzen sah ich ganz genau, im Geleit der Farben wogte die Luft, ganz geruchsschwer und gesättigt vom Gelb der Schafgarbe. Durch diesen Geruch der Kindheit, vorbei am wilden würzigen Fenchel, dem anderen Sinnenbegleiter, kamen wir ans Ende des Weges, am Ende des Lebens, hilflos auch der Wald, dessen Augen Wipfel für Wipfel, Baum für Baum mich anschauten. Für den Esel war es vorbei. Wir standen zusammen und keine Unschuld war mehr im Auge. Groß war mein Entsetzen und tief jetzt noch immer da – als ich die Erdhöhle erblickte, tief, tief unten in der Erde, da war sie, die Karstgrotte. Ein Schritt nur, ich wäre auch hineingefallen. Doch die Lunge Leben hielt mich zurück. Ganz tief nach unten ging es, der Esel wurde hineingestoßen, fiel dem Menschen zum Opfer – und ich hörte, wie seine Knochen entzweibrachen, der Esel weinte und der Karst umgab ihn, Stein um Stein, ein Grab aus Steinen war sein Grab. Ich hörte ihn noch lange dort weinen und sein Sterben war lang und beschwerlich.

Großvater zog mich weg von dort, meine Weinreben hat er aufgefressen, meine Reben, meine Reben, die ich so mühevoll gezüchtet, in die Höhe gezogen habe, damit sie hochwachsen und uns Schatten im Sommer schenken. Ich schwieg und durchschritt mit ihm die Macchia auf dem gleichen Weg zurück in ein Leben ohne den Esel, in ein anderes Leben, das Glück war nun ausgetrunken vom Dunkel dieser Menschenaugen. Ich war ein Kind, kam aber als Tier an diesem Tag noch einmal zur Welt, denn ich wollte aus meiner Gattung herausspringen. Weit, weit wegspringen. Zum Esel zurückspringen. Ich schwieg. Ich sprach lange nicht. Der Tag verging wie alle Sommertage. Am Abend läutete der Großvater in der Kirche die Glocken. Ich saß vor dem

Haus auf der Bank, die er geschreinert hatte. Alles war noch wie angefasst vom schrecklichen Stoß, vom Geräusch der brechenden Knochen, vom Tod, diesem unwiderruflichen Mord, und ich stieg die Treppen hinauf, sah vom Balkon auf den Karst und die Macchia hinaus. Nie wieder hatten wir einen Esel. Die Landschaft ging schlafen. Irgendwo im Dunkel des Hinterlandes waren der Tod und der Esel, sie lagen in der Karstgrotte und wurden anderntags begraben vom Gesang der Bienen, vom Flug der Schmetterlinge, vom Geruch der Schafgarbe und des wilden Fenchels. Als ich in jener Nacht, wie immer allein, schlafen ging, vergaß ich, mir die schmutzigen Füße im Lavabo zu waschen. Glühwürmchen besuchten mich in meinem dunklen Kinderzimmer, noch bevor ich die gusseisernen Fensterläden schloss. Am anderen Morgen verschwand Großvater wortlos in aller Frühe auf die Felder. Wir sahen uns bis zum Abend nicht. Er ging wieder zum Glockenläuten ins Dorf. Ich stieg auf den Balkon und sah auf die Macchia hinaus. Chio spitze seine Ohren und die Katzen stromerten um mich herum. Die Schafgarbe roch am Abend noch stärker als am Tag. Die Wärme schien ihren Geruch zu verdichten und in der Nacht roch es bis in meine Träume nach ihr.

Im Dorf hatte sich das Verschwinden des Esels herumgesprochen. Vom Tod, vom Stoß, vom Mord sprach niemand. Das Tier sei verschwunden, hieß es und ich schwieg, schwieg, bis diese Zeit verging und eine andere Zeit kam, bis Licht kam und verging, bis eine neue Jahreszeit kam und in eine andere überging, bis der Winter die Erinnerung wie ein Ziegelstein beschwerte, bis der Frühling kam und der Sommer und ein anderes Leben, eine neue Sprache, die zur alten Erinnerung vordrang und die sich in mir hinstreckte, der hingestreckte Sommertag von einst, Einzug hielt in die Bilder und Gerüche und die Liebe der Tiere sichtbar machte und mich auf einer weit entfernten Insel im Geleit eines Hundes mit leeren Augen zu ihren Leibern führte, den geschlagenen, den geschlachteten, den getöteten Leibern und der Sprache, die mir Sätze gab, die die Bilder salzte, die Wunden öffnete und mich Jahre warten ließ, bis ich das sagen konnte, was ich niemals sagen, niemals aussprechen wollte: dass es diesen Mord am Esel in meinem Leben und vor meinen Augen gegeben hatte. Nun, da es gesagt ist, spüre ich, wie die Allmacht der Gewalt, wie der Eisenring der Erschütterung sich von meinem Körper löst und meine Sprache wieder dort ist, wo der Mord, der Stoß, der einsame Tod, das verendete Tier war. Im Leben. Der Esel war mein Freund. Ich habe sein Leben und seinen Tod bezeugt. Sein Sterben zeigte mir den Riss im Lebensgewebe, den Riss, der durch Gewalt geschieht. Dieser Riss veränderte meinen Blick auf die Menschen und ihre Körper. Ich verstand und sah das Ausmaß ihrer Macht. Ich sah nie wieder in Unschuld auf sie, aber ich suchte dennoch nach der Vollständigkeit, nach jenem Augenblick in ihnen, in dem sich ihr eigener Schmerz und ihre Verletzlichkeit offenbarte. Das Leiden der Tiere aber, ihr Wissen, ihre tiefe Fähigkeit zum Empfinden, Erzählen und gegenwärtigem Hiersein half mir, jene kostbare Dimension ihrer Anwesenheit für mein eigenes Leben genau zu erfassen. Sie lebten und liebten mit einer Bedingungslosigkeit und Vollständigkeit, wie es Menschen nur selten möglich ist. Bis heute sind sie für mich Erzähler einer Liebe, die sich im Sein zeigt und die nichts dafür haben will.

Inselito brachte mich zu dieser uralten Erfahrung in mir selbst zurück. Während ich auf La Gomera mit ihm durch das Valle Gran Rey schritt und die wahrnehmende Kraft des Unterwegsseins sich in mir öffnete, sprach die Tiefe des Gedächtnisraumes zu mir. Ich nahm wieder Fühlung auf mit jenem tiefen Riss, mit dem Wissen und dem Schmerz um ein getötetes Lebewesen. Aber das ging nur in kleinen Schritten vor sich. Ich begriff erst mit der Zeit, dass jener unheilvolle Tag im Karst ein Ort in mir selbst geworden war und mich von einer unumstößlichen Freude abhielt, die zum Leben gehört. Ich verstand schon bald, dass Inselito mir bei einer stilleren Art des Verstehens zur Seite stand und mir ein tieferes Sehen schenkte. Selbst die toten Tiere wie mein treuer Esel tun das, sie zeigen mir mit ihrer Not, mit ihrer Wärme und Schönheit, wie die Geografie dieses Ortes beschaffen ist und auf welche Weise ich ihr in meinem Menschsein ausgesetzt bin. Die Gewalt kann niemals jene wärmende Schicht des innersten Seins zerstören, sie kann sie aber überschreiben, in Vergessenheit geraten lassen, sie kann sie einstauben, manchmal auch zementieren, aber die Anwesenheit der gewaltlosen Freude, ihr In-uns-eingeschrieben-Sein kann nicht getötet werden. Jedes Lebewesen bezeugt diese Seinsebene in einem anderen atmenden Gegenüber. *Es ist, weil Du bist, und Du bist, weil Es ist.*

Auch die Pflanzen arbeiten an diesem tief in uns abgelegten Gedächtnis. Sie sprechen zu uns mit ihrer Farbe und

Form und teilen sich über ihren Geruch mit, so, wie es die gelbe Schafgarbe an jenem Tag meiner Kindheit getan hatte, als der Esel in der Karstgrotte verendete. Mit ihrem sonnigen Leuchten hielt sie für mich diese Spur ins Leben frei, hielt die Erinnerung an einen inneren Pfad wach. Am schweren Geruch der Pflanzen entlang, der sich durch die trockene Sommerwärme stark entfaltete und die Luft durchdrang, ging ich den Schmerz suchen, jenes Leben, das in den Augen meines Esels bis zum Schluss lebte und das sich mir selbst im Geräusch der brechenden Knochen zeigte und mir damit für immer erzählte: So viel Gewalt ist nötig, um ein Lebewesen zu töten. So viel Wut. So viel Zorn. Jähzorn. Ich erkenne diese zerstörerische Kraft in den Körpern der Menschen, wenn sie auf mich zugehen, wenn sie mir scheinbar friedlich gegenübersitzen, in einem Zug, in der Straßenbahn, ich sehe diese fehlgeleitete Kraft in ihnen und die Not, das Eingesperrtsein, das sich dahinter verbirgt. Der Körper erzählt und gibt all das weiter, was er selbst erfahren hat: Gewalt, Wut, Not, aber auch freundliche Abwesenheit, Zuwendung, Wärme, Frieden, Liebe und schlichte körperliche Sattheit.

Mein Großvater war Jahrgang 1912 und er war ein hungernder Mensch. Er konnte viel geben, viel in Wärme teilen, aber er war nicht der Mensch unserer Zeit, dem eine Möglichkeit zur Innenschau gegeben ist. Wer in seiner Zeit zu einem Psychologen ging, der galt vor allem in einer dörflichen Umgebung als verrückt. Gerade solche Menschen, in denen viele Bedrängungen lebten, hatten in meiner Kindheit im Guten wie im Zerstörerischen eine verschmelzende Beziehung zu ihren Tieren. Sie waren ihr verlängerter Körper, über den sie mit sich selbst ins Gespräch traten, ohne zurückzusprechen, diese Sprache ging nur in eine Richtung. Mein Großvater konnte an ein und demselben Tag ein Lamm schlachten, es kleinschneiden, zu Fleisch verarbeiten und in der Kirche Christus als Lamm Gottes feiern, während es mir nie gelang, diese beiden Regionen des Seins als voneinander getrennt zu erleben. Aber ich versuchte es auch gar nicht, viel mehr geschah das Schauen mir wie eine natürliche Verlängerung meiner Verbindung zu den Tieren. In solchen Momenten ihrer Anwesenheit wird mir immer wieder aufs Neue der Unterschied zwischen der Liebe der Tiere zu den Menschen und der Liebe der Menschen zu den Tieren klar. In diesen beiden Liebesrichtungen schläft und wacht die große Erzählung zwischen allem Lebendigen. Darin ist ein doppelt gestaltetes Sehen. Wir schauen. Aber wir werden auch immer angesehen. Und dieses Angesehenwerden ist ein Akt der Gnade. Es ist ein Geschenk an uns, wenn es geschieht, aber auch erst dann ein uns Gegebenes, wenn wir es erkennen, es anerkennen. Denn mit nichts in der Welt lässt es sich einfach so haben, wir können es nicht erwerben, wir können es nicht machen. Nur im Sein und in der Teilhabe wird es wesenhaft in uns eingeschrieben und trifft dabei auf in uns Eingeschriebenes. Die Tiere haben das nie vergessen. Tiere können nicht vergessen wie wir. In ihren Augen ist ein so tiefes Gewahrwerden, dass es mich auf allen Ebenen des Seins erreicht. Das geistige Sehen ist keine abstrakte Größe, es gehört keiner Religion, keiner vorgefassten Anschauung, es ist kein Dogma. Es ist Öffnung und Atem, Bewegung und Bewegtsein, das liebend Wahrnehmende (nicht das Wegstoßende, nicht mit Abwehr Zurückweisende), das in sich aufnehmende Schöne. Dieses Gefühl der Einheit geht mit einem wesenhaften Verknüpftsein einher, der eigene Körper ist Teil davon, ist eingewoben in die Wirkkräfte der anderen Körper, die sich miteinander in ästhetischer Freude unterhalten. Diese Art des In-der-Welt-Seins, das vielleicht am ehesten ein In-sich-Ruhen ist, ein Zur-Ruhe-gekommen-Sein, habe ich manchmal bei Menschen erlebt, die voller Sanftmut und Friedfertigkeit waren. Aber auch bei Menschen wie meinem Großvater habe ich Augenblicke dieser Ruhe wahrgenommen, erschreckenderweise ganz oft nach der Entladung des großen Jähzorns oder nach kleinen Wutausbrüchen, wenn der in ihm vorhandene Druck verschwunden war. Und viele Male, wenn er mir wie ein Verbündeter in einem bedeutsamen Geheimnis von der Liebe zu meiner früh verstorbenen Großmutter erzählte. Besonders an langen Winterabenden spürte ich diese andere Ebene in ihm, wenn er sich an den Hunger des Zweiten Weltkrieges und an die vielen Momente erinnerte, in denen er Essen ergattern konnte, wenn ihm eine helfende Hand etwas gereicht hatte und er nun mit mir an diese zurückdachte, an eine menschliche Hand, die aus dem Nichts aufgetaucht war und die ihm, seiner Frau und seinen fünf Kindern etwas gab, das sie sättigte, wenn gar nichts, wirklich gar nichts mehr zum Essen da war. Großvaters Gesicht wurde beim Erzählen sanft und wie von einem inneren Leuchten erfasst. Er war wieder mein Großvater, ganz bei mir, ganz bei sich, ganz bei dem, was er erzählte und tief erlebt, tief erlitten hatte. Das waren unvergessliche Augenblicke, in denen ich ihn sehr liebte und in denen die Gewalt keinen Platz mehr hatte. Ohne Ausnahme aber erlebe ich diese Kraft des gegenwärtigen Hierseins immer bei den Tieren. Die Gegenwärtigkeit, nach der ich mich selbst in meinem Alltag sehne, wenn ich Schmerzen erlebe oder im Außen alles zu Lautstärke wird, ist bei Tieren ununterbrochen vorhanden, während sie im Menschen erst gefunden werden muss. Gelingt dies, ist das Hiersein im Jetzt ein kundiger Mittler zwischen Farben, Gerüchen, Elementen, Körpern, Lungen, Planeten, zwischen inneren und äußeren Kontinenten, zwischen Zeit und Raum. Durch die wohlwollende Anwesenheit eines anderen Lebewesens und einem durch Vertrauen gefügten Bewusstsein der Freundlichkeit entsteht heilsame Jetztzeit. In solch empfindender Beziehung aber kann nur jemand wachsen, der bereit ist, sich seiner Verletzlichkeit zu stellen, aus den sphärischen Verknüpfungen des Lebens zu lernen und in ein Wir hineinzuwachsen, das uns schon die ganze Zeit kennt.

IV

SPHÄRISCHES LERNEN

Inselito lief mir wieder voraus. Ich war vom Valle Gran Rey zum Essen in das höher gelegene Bergdorf Las Hayas losgewandert. Unten im Tal gab es zwar eine größere Auswahl an Restaurants, aber keines reichte für mich an die Bar Montaña heran. Auch freute ich mich immer, die Besitzerin Doña Efigenia zu sehen. Seit meinem letzten Aufenthalt, als ich noch mit Carlos bei ihr war, hatte ich sie nicht gesehen. Sie war alt und ein bisschen kleiner geworden, ihre Gestalt war wie in sich zusammengesunken, doch sie strahlte noch immer die Aura einer geerdeten, starken Frau aus. Zu meinem großen Erstaunen erkannte sie mich dieses Mal nicht und alle meine Selbstauskünfte änderten nichts daran, dass sie mich nicht einordnen konnte. Erst als ich es aufgab, mich zu erklären, und mit Inselito aufbrach, etwas enttäuscht in Richtung ihrer prachtvollen Eukalyptusbäume ging, rief sie nach mir und sagte, sie wisse jetzt, wer ich sei. Cariña, du bist erwachsen geworden, sagte sie, ich habe dich wirklich nicht erkannt. Ich winkte ihr zu, mach es gut, sagte sie, *que Dios te bediga*, und warf mir noch eine Kusshand hinterher. Das Gold ihrer Ohrringe leuchtete stark. Ich dachte an ihre Frage, die sie mir vor vielen Jahren gestellt hatte, die Frage nach meiner Erde: *¿Dónde está tu tierra?* Wo ist deine Erde? Und zum ersten Mal verstand ich angesichts dieses Abschieds von ihr, dass ich nicht zu den Menschen gehöre, die eine Landschaft, eine Region, eine Sprache ihr Eigen nennen. In mir lebte immer schon ein Plural und ich war wohl am ehesten so etwas wie ein Zwischenmensch, jemand, der innerlich zur ganzen Erde gehörte und dem langsam klar wurde, dass die Kultur, in der wir leben, immer noch eine ist, die in Trennungen denkt. Ich erinnerte mich an den Augenblick, in dem ich zum ersten Mal mit einem großen Schiff auf La Gomera angekommen war – die Insel sah vom Meer wie eine große mythische Gestalt aus, den Träumen der Erde entstiegen, ein schöner großer Wal. Wie ein solches Tier tauchte sie vor mir auf, alt, rau und betörend gebieterisch. Dieses Eiland war von Beginn an kein Ort des bloßen Verweilens für mich, hier wurde ich verändert, ob gewollt oder nicht. Nichts an La Gomera ist lieblich, deshalb liebte ich diese Insel schon vom Wasser. Deshalb liebe ich sie noch immer.

Lucy rief an und kündigte ihre Rückkehr an, ihr Vertrag in London lief aus. In zwei, drei Wochen würde sie nach La Gomera zurückkommen, ich meinen Koffer packen und wieder in den Norden der Insel zu meinen Freunden zurückfahren. Calima, der Sandsturm, der sich länger schon angekündigt hatte, ließ kurz darauf das Meer im Nebel verschwinden. Einige Tage lang war alles rotbräunlich, die Häuser, die Fenster, die Wege. Die trockene, warme Luft, die vom afrikanischen Festland kam, war erst gelblich und ging alsbald ins Ockerfarbene über. Calima war besonders im Hochsommer herausfordernd, der Feinstaub lastete wie eine dicke Paste auf den Lungen. Die Menschen blieben im Haus, zogen sich zurück, bis der Sandsturm weg war. Ob es sich bei einem Wind um Calima handelt, erkennt man auf den Kanaren daran, dass die Sonne bei Tag genauso aussieht wie ein Vollmond. Noch einmal schleuste mich die Insel auch auf diese Weise ins Innere. Tag und Nacht tauschten sich in mir aus. Meine Erlebnisse mit Iselito auf La Gomera, die Erinnerung an meinen Hund Chio in Dalmatien und das ins Empfinden zurückgeholte Gedächtnis um den Tod meines Esels hatten mir gezeigt, dass all das in mir als Welt der Einheit lebte. Die Insel La Gomera wurde für mich ein Ort des neuen sphärischen Lernens, das mir bis dahin nur in meinen Träumen und in der Auseinandersetzung mit der Psychoanalyse nach Sigmund Freud und in der Tiefenpsychologie von C. G. Jung begegnet war. Die ganze Insel wurde, symbolisch gesprochen, eine Art weiße, vom Wasser umringte Leinwand, auf der ich die Bilder meines Lebens neu sortieren konnte. Wie in der analytischen Innenschau ereigneten sich auch hier die Dinge, die mir zuerst unerklärbar waren und die dann durch das Ereignis der tiefen Empfindung ins Verstehen rückten. Und das hieß: Im Innehalten nicht verstummen. Niemandem etwas beweisen wollen. Auch mir selbst nicht. Das Lernen in Verbindungen, das unterschiedliche Zeiten, Erlebnisse und Räume miteinander in Beziehung setzt, fand mich in jenem Moment, in dem ein Riss durch mich hindurchging. Der Riss, dieser Einschnitt in Zeit und Raum, leitete das Neue ein und veränderte mich offenbar so sehr, dass mich nicht einmal Doña Efigenia, die ich jahrelang über mehrere Monate hinweg fast jede Woche gesehen hatte, erkennen konnte. Dazwischen ereignete sich ein innerer Sandsturm. Als er nicht mehr da war, sah ich, dass der Riss niemals tötet, im Gegenteil, er erweckt das Abgetötete, das ins Vergessen Abgedrängte und erzählt, dass mir niemand meinen Platz in der Welt wegnehmen kann. Ich bin dieser Platz, ich bin Raum und Zeit, zusammen mit allem, was mir als Leben begegnet. In diesem Kontinuum des Seins bündelt sich alles, was ich im Gewahrsam der Stille einmal gesehen oder gehört und tief in mich aufgenommen habe. Das Sehen ändert alles. Innen und außen.

In meiner Kindheit habe ich Stunde um Stunde an langen hellen Sommertagen an der Schwelle unseres Hauses oder auf dem Balkon gesessen und ausgiebig Wind, Wetter, Menschen und Pflanzen beobachtet. Besonders die Tiere zogen meinen Blick auf sich. Sie waren das Salz im Geschmack meiner Wahrnehmung, verbunden und verbündet mit meinen sichtbaren und unsichtbaren Sinnen. Wenn sie mir ihre Köpfe entgegenstreckten, spürte ich, dass ich ihre Liebe, ihr Vertrauen geschenkt bekam. Ohne selbst zu sprechen, sehen die Tiere von innen, ob sie einem Menschen vertrauen können oder nicht. Sie zeigen sich, und auch der Tod lässt ihnen ihre Ganzheit. Mein Esel sah mich am Ende seines Lebens mit einem wissenden Blick an. Er wusste um sich und sah alles zeitgleich, mich, die Landschaft, die Karsthöhle, die schlagende Hand, die ihn in den Tod stieß. Seine Trauer, die ich im Augenblick vor dem Hineingestoßenwerden gespürt habe, nagt bis heute an mir, bearbeitet mich seit damals wie einen Stein. Erst heute verstehe ich, dass diese Trauer niemals vergehen wird und ein Teil meiner inneren Bildwelt ist.

Wir können die Ereignisse unseres Lebens nicht verändern, aber wir können eine neue Beziehung zu ihnen herstellen. Nach all den Jahren hatte die alte Trauer mich zu mir selbst zurückgebracht, zu der ursprünglichen Situation, zu der Grotte, an der ich die Not des Esels empfunden hatte, weil sie eine Sprache der Lebendigkeit war. Um das zu ertragen, was das Tier in nur wenigen Momenten an jenem schicksalhaften Sommertag ertragen und in seinen Tod mitgenommen hat, habe ich Jahrzehnte gebraucht. Tiere können nicht nur ihre Trauer zeigen, sondern auch innerlich genau spüren, was dabei in ihrem menschlichen Gegenüber vorgeht. Sie können lesen und verbinden in diesem Lesen verschiedene Sphären, die wir Menschen voneinander trennen. Bewegung und Gerüche, Tonlage und Sprache, mit Worten Gesagtes und Empfundenes, ohne Worte Gedachtes, Farben und Wetterlagen, all das bildet eine Einheit und ist als solche in uns wirksam. Nun waren nicht nur der Hund und der Esel meiner Kindheit innerlich in mir anwesend, auch die anderen Tiere teilten sich mit, zeigten sich mir wie in einem Traum, der die ganze Zeit in mir gelebt hatte. Die Ziegen gingen durch meine Erinnerung hindurch, die Kühe spazierten mit ihnen über die Macchia, die ich mit Großvater und Esel an jenem finsteren Tag durchschritten hatte. Die widerständigen, dem vom Meer kommenden Wind Bora trotzenden Büsche, aber auch Pinien, Wildkräuter, Wildblumen wie etwa die üppig nur dort vorkommenden Orchideen, all das ging in mir mit. Farben und Gerüche arbeiteten fortan so intensiv in mir, dass auch laute urbane Räume wie die Stadt Frankfurt am Main, in der ich eine Weile lebte, mich nicht mehr von den sinnlichen Verquickungen trennen konnten. Einerseits waren sie aus meiner Erinnerung Heraufströmendes, aber zugleich auch Teil meiner Gegenwart, eine Art Ruf aus dem Inneren, der das Gleichgewicht in mir herstellen wollte. Als ich mich dort nach turbulenten Jahren des Unterwegsseins auf La Gomera und in Frankreich mit einer Freundin traf, lud sie mich ein, sie in ihrem kleinen Ferienhaus im Odenwald zu besuchen. Kaum waren wir im Dorf angekommen, umfing mich die Stille der Natur, und ich spürte, dass mir nicht nach Gesprächen war. Meine Freundin hatte gehofft, wir würden endlich Zeit haben, um uns in Ruhe über alles auszutauschen, was wir in den letzten Jahren erlebt hatten. Vor allem über meine Zeit auf La Gomera wollte sie mehr wissen. Ich befand mich aber, wie ich nun in der Natur merkte, wieder in einer meiner beharrlichen Schweigephasen. Statt zu sprechen, wollte ich lieber alles nur betrachten, nur zuhören, nur sehen, was das Wetter machte, was die Tiere, der rauschende Wald und die Biegung des Flusses mir ohne Worte zu erzählen hatten. Die Zeit mit Inselito hatte mich in ein Schweigen eingeweiht, das wichtig für mich war. Da ich es nun kannte, gab es kein Zurück mehr.

Immer wieder erlebe ich lange Phasen des Schweigens. Sie kommen zu mir wie eine Jahreszeit und kündigen mir das sphärische Lernen an. Dieser Zustand des Erwachens, in dem sich meine Träume, meine Vergangenheit, meine Gegenwart, aber auch Gedichte oder das Wetter, ein bestimmter Aspekt der Zukunft in ein Gespräch begeben und in mir neue Ideen wachsen, ist sehr herausfordernd. Um ihn gut meistern und das innerlich Erlebte ordnen zu können, ziehe ich mich von allen äußeren Sphären zurück, und zwar auch dann, wenn ich Teil von ihnen bin. Das wirkt auf andere Menschen oftmals verstörend. Da ich in diesem Zustand meiner Freundin gar nichts über mich erzählen mochte, spürte ich, dass sie einmal mehr enttäuscht von mir war. Als ich meine Zelte auf der Insel abgebaut hatte, war ich nach Frankreich umgezogen und nun kurz nach Deutschland zurückgekommen. Ich hatte in Paris eine Beziehung beendet und dachte darüber nach, wo ich leben wollte, ob der deutschsprachige Raum, ob dieses Land überhaupt zu mir passte, denn schließlich kam ich aus dem Süden Europas, hatte lange Zeit auf La Gomera und in Frankreich verbracht und fragte mich nun, was mich mit diesem Land verband, in dem meine Eltern unglückliche, krank gewordene Gastarbeiter und wir als Familie nur deshalb hier waren, weil mein Vater und meine Mutter jede Arbeit angenommen hatten, um dem Hunger und der wirtschaftlichen Not im Süden zu entkommen. Hungerte ich? Litt ich Not? Waren die Themen meiner Eltern auch meine Themen? Wonach suchte ich, wenn ich denn überhaupt suchte, und wo und wie wollte ich leben? Wieder halfen mir durch Fügung Tiere, in diese Fragen hineinzuleben.

Meine Freundin wollte alles über die beendete Beziehung in Paris wissen, sie nahm an, da sei mir ein Unglück geschehen. Aber für mich war es nur das Ende einer Zeit und eine wichtige Aufforderung, etwas in meinem eigenen Leben zu ändern und überhaupt zu fühlen, was mich innerlich in eine neue Aufmerksamkeit versetzte. Dennoch tat mir der

Pariser Abschied nicht nur weh, er zerriss mich förmlich. Je mehr aber meine Freundin die Trauer in mir abrufen und je drängender sie wissen wollte, was genau in der Liebesgeschichte geschehen war, desto mehr zog ich mich zurück und schwieg. Wie konnte ich an nur einem Nachmittag ein paar Jahre meines Lebens erzählen? Ich spürte, dass die zu Ende gegangene Beziehung für meine Freundin eine Art Sündenbock meines Zustands darstellte und sie mein Schweigen darauf bezog, dass ich wohl Schlimmes zu verarbeiten hatte. Aber so war es nicht. Das im Dazwischen Erlebte zeigte mir, dass sich in mir alles wehrte, in dualen Kategorien von Schuld und Unschuld zu denken. Am liebsten wäre ich gleich wieder abgereist. Wie in meiner Kindheit ging ich lange in der Gegend herum und sah mir die Landschaft an. An einem Tag war ich schon viele Stunden durch die Wälder gegangen, als mich auf einmal unzählige Kühe auf der Weide erblickten. Ich blieb stehen und sah sie an, ging langsam auf sie zu, um sie in aller Ruhe zu betrachten. In diesem Augenblick hörten sie plötzlich alle zeitgleich auf zu grasen, hoben ihre Köpfe, sahen mich an und kamen auf mich zu. Sie betrachteten mich ruhig und ausgiebig. Mit einer unaufdringlichen Wärme und Ruhe fingen sie an, mich zu umzingeln. Unversehens fand ich mich in einem Halbkreis wieder, in dessen Mitte ich stand. An die dreißig, vierzig Tiere schenkten mir ihre bedingungslose Anwesenheit. Ich spürte jetzt, dass ich ihrem Blick standhielt, dass ich bereit war, den nächsten Schritt zu tun. Seit Wochen hatte ich alles innerlich in mir herumgetragen und nun erst konnte ich eine Entscheidung treffen. Wieder stand ein Aufbruch an, der einen Umbruch in meinem Leben einleitete. Die Tiere hatten ein Schauen ohne Sprache in mir in Gang gebracht. Und dieses Schauen war ein tiefes Sprechen. Die Wochen der Bedrängnis, in denen ich nicht über meine inneren Belange gesprochen hatte, waren Tage versuchter Fluchten. Ich war sogar auf den Gedanken gekommen, noch weiter fortzugehen, nach Amerika, und wieder fremd zu sein, am besten nach New York, eine Fremde unter Fremden, keine ethnografische Rarität, zu der man in diesem Deutschland immer gemacht wird, wenn der Name, das Aussehen, die Hautfarbe es möglich machen, hatte mich aber im beschaulichen Odenwald wiedergefunden und musste es hinnehmen, nicht im großen grandiosen New York gelandet zu sein. Die Tiere ließen keine Verdrängung mehr zu, sie sorgten dafür, dass ich wieder zu mir zurückkehrte, zurück zu meinen Gefühlen, zurück zur Sprache, zurück zu meiner Sehnsucht nach Erdung. Ich verbeugte mich vor den Tieren wie vor einem lebendigen Altar und ging zum Haus meiner Freundin, packte meinen Koffer, umarmte sie fest und verabschiedete mich. Wie sich herausstellte, hatte sie Verständnis und war selbst erlöst.

In einem Augenblick der wahren Empfindung wird alles im Inneren verändert. Der auratische Raum der Innenbewegung arbeitete mir Wissen zu. Mir haben in meinem Leben die Tiere immer dann geholfen, zu diesem Wissen, zur Echtheit vorzudringen, wenn es mir aus mir selbst heraus nicht gelang, eine wichtige Entscheidung zu treffen. Als ich endlich im Zug saß, entstand ein kleiner Gedanke in mir, aber er war von weitreichender Kraft – und wuchs. Ich beschloss auf dieser Zugfahrt, nicht mehr umzuziehen, mich nicht mehr auf neue Orte, neue Sprachen oder neue Menschen auszurichten, sondern einen Ort zu finden, an dem ich mich wohlfühlte, dort würde ich dann bleiben. Auf dem Weg dorthin, darauf vertraute ich, konnte ich nur verlieren, was nicht zu mir gehörte. Ich fand meinen neuen Lebensort erst später, er passte sehr gut zu mir und wie sich herausstellte, warteten dort schon die richtigen Menschen und neue Tiere auf mich. Der Traumwald, der zum Sterben winkte, wie es in Heiner Müllers Gedicht heißt, verwandelte sich in eine lebensfrohe Stadt. Ich konnte sehen, was das Gedicht mir bei jeder Lektüre und über viele Jahre hinweg vorausgesagt hatte: »Und in dem Lidschlag zwischen Stoß und Stich / Sah mein Gesicht mich an: Das Kind war ich.« In meinem Dasein als erwachsener Mensch, auf der inneren Bühne, die mit Wegen, Umwegen, Menschen, Räumen, Sprachen, Empfindungen und Kräften der äußeren und der seelischen Welt Verbindungen herstellt, war in mir noch jenes wache, aber von der Gewalt seiner ersten Umgebung verschreckte Kind. Nun sah es mich an, dieses Kind, es war bei mir in der neuen Stadt, war immer noch da, es war nicht von der Gewalt zerstört worden, sondern zog mit mir um, hatte eine neue Adresse, einen neuen Briefkasten, einen neuen Ausblick. Und genau diese Figur hatte im Kabinett meiner inneren Landschaft das stille Angeblicktwerden erkannt, es zu mir in die Leere getragen und meine Höflichkeit in ein Unterwegssein gewendet, das keine Flucht mehr war. Dennoch erlebte ich eine metaphysische Leere danach, die mich bedrängte. Das Gefühl der Verlorenheit arbeitete dem inneren Figurenkabinett zu und half mir, die Sichtweisen der Dualität zu überwinden. Sie verhalf mir auch zur Empfindung, dass ich einen Kern habe, den ich nicht verlieren kann. Dieser Kern speichert überzeitlich die Essenzen, die wichtigsten Begebenheiten des Lebens. Darin eingeschrieben, für immer unvergessen, ist bis heute der letzte Blick des Esels, von dem ich lernte, dass jedes Lebewesen und die gesamte Natur eine eigene Art zu sprechen hat, die mit seinem Kern verbunden ist. In mir entsteht ein Requiem für meinen Esel, für ein Tier, das den Tod in mir überdauert hat. Er ist hier bei mir, schreibt diesen Text mit, so, wie es auch Inselito macht, wie es die Schwalben in meinem neuen Dorf in Mecklenburg machen, die in jedem Frühling wiederkommen und erst durch die Setzung ihrer Ankunft den Sommer fühlbar in eine neue Jahreszeit münden lassen. Jedes Mal vermitteln sie uns bei ihrer Ankunft den Eindruck, jene anderen Schwalben zu sein, die ich schon vom letzten Sommer kenne. Auch viele andere Tiere geben uns das Gefühl, dass sie, anders als wir, ewig leben, dass es immer dieses eine Tier ist, das wiederkommt und das uns wieder begegnet. Da wir zeitgleich aber doch wissen, dass es anders ist, erleben wir die Anwesenheit der Tiere in diesem verbindenden Sinn als eine Art mystische Wiederkehr der überzeitlichen Schönheit. Kaum einen Ferienaufenthalt gibt es, bei dem mir nicht früher oder später ein Esel begegnet, der mich daran erinnert, dass die einstige Freundschaft aus der Kindheit zwar mit dem einen getöteten Tier vorbei ist, der Esel mich aber dennoch hier und auf diese Weise aus seiner Gattung heraus grüßt. So hat jeder Mensch seinen eigenen Einzug in ein inneres Jerusalem, während der Hahn dreimal kräht, wir dem Verrat entkommen oder ihm anheimfallen. Damals in der Kindheit fühlte es sich so an, als hätte der liebste nahe Mensch meines Lebens nicht nur dieses eine Tier, sondern die ganze Gattung getötet. Was die Menschen an Nähe und Vertrauen fast zerstört haben, haben die Tiere dennoch in mir zusammengehalten, es in der Wahrheit gehalten. Das Leben ist bedingungslos wertvoll und dieser Wert ist unser Kern. Der Kern des Kerns ist eine Innensonne, die nicht ausgelöscht werden kann. Doch kann sie verdunkelt werden. Der solare Kern verbindet uns auch im Vergessen mit allem Lebendigen. Im Sonnen-Gedächtnis können wir fündig werden, in ihm gehen lernen wie in einem Wald. Selbst wenn wir nicht bewusst den Weg nach innen gehen, gibt es im Außen unter allen Umständen, in allen Wäldern, in allen Städten, an allen Flüssen und Plätzen, mit jedem einzelnen Menschen und mit jedem einzelnen Tier den Versuch der Innensonne, mit uns ins Gespräch zu kommen und uns unser Leben zu erzählen. Jeder einzelne Esel, den ich nach der Tötung des *einen* Esels gesehen habe, hat versucht, mich in die Erinnerung zu lotsen, und jedes Mal, jede Begegnung hat an dieser anderen Sprache, an der Vervielfältigung dieser einen Freundschaft gearbeitet, damit ich von ihr als einer universellen erzählen kann. Nun ist dieses Gedächtnis geöffnet, mein Leben, ungezähmt, im Zustand einer Anwesenheit, die meine Wildheit kennt und die die schwebenden Verbindungen im Gesang dem Vergessen entreißt.

Die gezähmten Tiere, auch die in Zoos eingepferchten Raubtiere erzählen mir immer wieder von diesem Urzustand, weil er ihnen nachdrücklich genommen wurde. In den letzten zwanzig Jahren bin ich selbst nur einmal in einem Zoo gewesen. Mein Mann und ich hatten unsere Tochter ganz bewusst in ihren ersten Lebensjahren zunächst an den Gedanken gewöhnt, dass Tiere freie Wesen sind. Als sie dann zum ersten Mal Löwen, Elefanten und Giraffen im Berliner Zoologischen Garten sah, war sie sehr aufgewühlt, beglückt zwar, aber derart außer sich, dass sie an diesem Tag erst gegen Mitternacht einschlief. Immer wieder zählte sie alle Tiere auf und bat auch mich, alle noch einmal beim Namen zu nennen. Es fühlte sich an, als hätte ihr Wesen eine sphärische Reise zu der Herkunft und zu den ursprünglichen Landschaften der Tiere gemacht und als sei sie erschöpft und überfordert nicht nur von all den vielen verschiedenen Erscheinungen, sondern auch vom Unterwegssein in ihre ursprüngliche Freiheit. Sonst müssen wir lange Reisen auf uns nehmen, um einen Löwen oder eine Giraffe in ihrer natürlichen Umgebung zu erleben, und diese Abkürzung, dieser Weg mit dem Körper im Außen verband sich auch innerlich in meinem Kind, fand seelischen Ausgleich und beanspruchte es so sehr, bis es für sich einen inneren Weg gefunden hatte, alle wahrgenommenen Gestalten in sich selbst *auszuhalten*. Es wollte zwar sofort am nächsten Tag wieder in den Zoo gehen, fand aber zeitgleich das Eingesperrtsein der Tiere nicht schön, wie es sagte. Wir halten in unserer Welt die Tiere mehr oder weniger als unsere Gefangenen, verfügen über ihr Leben, während sie uns dabei anschauen, ihr Leben erzählen, durch ihre Anwesenheit unsere Empfindungen und Innenbilder aufrufen und uns so helfen, mit ihnen als lebendes Sein, aber auch mit uns selbst als Leben in Entfaltung in Berührung zu bleiben. Während ich das hier schreibe, sind wir schon in eine neue Weltperiode eingetreten. Kriege und Katastrophen zwingen uns, polarisierende Sichtweisen zu überwinden und uns, unsere Umwelt, unsere Beziehungen neu und anders zu denken.

Auch die vielen vom Aussterben bedrohten Tiere drängen auf ihre Weise dazu, dass wir sie genauer sehen oder doch wenigstens ihr allmähliches Verschwinden bemerken. Was für eine Welt das wohl sein könnte, in der es keine Löwen mehr gibt? Alles in mir wehrt sich dagegen, sie mir vorzustellen. Der Gedanke, diese Tiere könnten nur in den Zoos, nur in den eingesperrten Zonen unserer urbanen Räume für uns überleben, denn für sich leben sie nicht freiwillig in Gefangenschaft, hat zeitgleich etwas seltsam Reales wie unendlich Trauriges an sich. Zugleich ist die Natur die erste Verwandlungskünstlerin, an der wir Anteil haben, weil wir auch Natur sind. Die Lücken, die vermehrt entstehen, wenn die Arten verschwinden, zwingen uns, ihrer jetzt schon als gleichwertiges Leben zu gedenken, sie auch als Teil unserer inneren Landschaft zu verorten. Diese Leerstelle verweist bereits auf das, was Brigitte Kronauer in ihren Texten über Tiere die »Einheit magischer Gleichberechtigung« genannt hat, die sie mit Momenten der Wahrheit in Verbindung bringt. Für diese Blickweise brauchen wir Ruhe und Zeit, brauchen wir Langsamkeit und Mut, um wie jene mythischen Fährfrauen zwischen Menschen und Fauna ins verbindende Bewusstsein überzusetzen und vom anderen Ufer ein neues Sehen zu erlernen. Wir alle wissen, dass wir keine Zeit dafür haben, und doch haben wir diese Zeit, wir müssen sie haben und sind fortan in dieses Paradoxon wie in das Leben selbst gestellt. Wenn diese Bewegung zwischen Natur und Kultur etwas verändert, macht sie in uns etwas Ähnliches wie der Gesang, der in die Höhe erhebt und das in der Höhe Erlebte zu unserem Körper zurückträgt.

Mit dem im Gesang Erkannten vollziehen wir den Schritt zurück ins ursprüngliche Leben – und die Tiere stehen uns dabei wach zur Seite, das Gespräch zwischen Natur und Kultur einzuleiten. Dann befindet sich der Mensch auch in der Zeit dort, wo die Tiere im Überzeitlichen stehen. In unserer Weltperiode ist es unausweichlich geworden, dass wir diesen Platz würdigen, ihn als Aufgabe annehmen und uns mit dem uns umgebenden Lebendigen in Einheit sehen. In diesem Raum anderer geistiger Größenverhältnisse ist ein Pferd wieder ein erhabenes großes Tier, das atmen, sehen und lächeln kann, ohne von uns nur materiell bewertet zu werden. Wir werden angerufen, von Verniedlichungen aller Art Abstand zu nehmen und im Raum des Verwobenen zu denken. Tiere verströmen darin eine »Atmosphäre der Beständigkeit«, so eine andere Formulierung von Brigitte Kronauer, die uns hilft, auch in uns das Überzeitliche zu finden, das Bleibende, das uns nicht vergessen hat. Dieses Gefühl, in Prozesse des Lebens eingebunden zu sein, spiegelt meine Erfahrung mit den Tieren meiner Kindheit. Sie sind nicht nur im Damals lebendig, sie sind Teil meiner Gegenwart, sie sprechen nicht aus der Vergangenheit, sondern aus einem heiligen Jetzt zu mir. Sie leben in einem anderen Kontinuum der Treue zu sich selbst und machen es auch in mir sichtbar. Sie kommen und gehen in ihrer eigenen Zeit, leiten tiefere Ebenen der Beziehung ein, die einerseits mit unserem Bewusstsein, aber auch mit unseren inneren Verstecken verbunden ist. Das spielt Wirklichkeiten zu, die, noch unverbunden, auf unsere Erinnerung und unsere Sprache zugehen. Somit zeigen sie die fließende Form von Sein und machen Übergänge in unserem Selbst sichtbar. Sie leiten etwas Neues in uns ein, bringen uns in Gang, lassen uns spüren, dass wir Erde sind, ein Gang über Feld und Land. Dieses Verwobensein im Spiel der Verwandlungen zeigten mir eines Tages mit größter Präzision meine zwei Berliner Katzen.

Nachdem ich die Insel und dann auch Frankreich verlassen und im Odenwald die Entscheidung getroffen hatte, einen Lebensort zu finden, an dem das Bleiben gut war, zog ich eines Tages nach Berlin. In einem kalten deutschen Winter verliebte ich mich in diese wilde raue Stadt und holte mir aus dem Tierheim zwei Katzen. Es waren, wie sich gleich herausstellte, Geschwisterkatzen. Ein Kater und eine Katze. Ich fühlte, dass sie beide zu mir mussten. Es hieß im Tierheim, sie hätten Schreckliches erlebt und seien von den Menschen, bei denen sie vorher waren, sogar geschlagen worden. Deshalb waren sie derart verschreckt, dass ich sie mir nur einen winzigen Moment lang anschauen konnte, sie versteckten sich gleich wieder. Ich nannte sie Pablo und Paloma. Die Frau aus dem Tierheim bat mich, kurz nach draußen zu gehen und einen kleinen Spaziergang zu machen, damit sie die Tiere in der für sie vertrauten Umgebung einfangen und in die zum Transport bereitstehende Tasche packen konnte. Als ich draußen auf der Straße stand, bekam ich Angst, mich meiner vielen beruflichen Reisen wegen nicht gut um die Tiere kümmern zu können, blieb aber dennoch bei meiner Entscheidung. Jemand anderes hätte vielleicht aufgegeben, aber ich wollte mich um die beiden kümmern, und mit klopfendem Herzen ging ich wieder ins Tierheim zurück, unterschrieb den Vertrag, nahm ein Taxi und fuhr mit meinen Katzen nach Hause.

Ich war gerade in eine typische Berliner Hochparterrewohnung gezogen, hatte nur einige wenige Dinge für die Einrichtung besorgt und mich mit meinem alten Schreibtisch aus Paris, einem billigen Futon von Ikea und einer wackeligen Kleiderstange niedergelassen. Das also war der Ort, der zu mir passte, Berlin und die Katzen hatten mich gefunden. Wie immer in jenen Jahren wollte ich, kaum hatte ich mich ans Bleiben gewöhnt, dann doch gleich wieder weg. Pablo und Paloma sorgten aber nun dafür, dass ein neuerlicher Aufbruch nicht einfach so möglich war. Ich stellte die Tasche aus dem Tierheim in der Leere meiner neuen Bleibe ab und ging in die Küche, um mir einen Kaffee zu machen. Es tat sich nichts im anderen Zimmer, kein Geräusch war zu hören, die Katzen dachten nicht daran, ihr temporäres Zuhause in der Tasche zu verlassen. Mir kam der Gedanke, dass sie sich tot stellten. Die große Stille in der Tasche brachte mich dazu, meinen Kaffee draußen in einem Café zu trinken und den Katzen die Wohnung erst einmal ganz zu überlassen. Tatsächlich schenkte das den Tieren die Gelegenheit, sich die Räume anzuschauen, die nun auch ihre waren, und für mich begann eine Zeit, in der ich selbst bereit war, mit

Unsicherheiten zu leben. Gerade das Unabsehbare zeigte mir Verbindungen zu meinem Inneren auf und die Katzen bauten mit mir an einer neuen Sprache. Das tat gut, aber dennoch ging mir die deutsche Redewendung »Die Katze im Sack kaufen« nicht aus dem Kopf. Wenn es um sprachliche Feinheiten geht, vermeide ich Redewendungen, ich mag diese kollektiv manifestierten Denkformen nicht, die sich in ihnen spiegeln. Aber offenbar blieb der Sprache nichts anderes übrig, als mich genauso anzusprechen und dieserart mein Unbewusstes abzuklopfen. Ich musste mir eingestehen, dass niemand, der sich selbst kennt, eine Katze im Sack kauft. Und ich hatte sogar gleich zwei Katzen mitgenommen, weil sie Geschwister und misshandelte Tiere waren. Die Katzen kümmerten sich in der Anfangszeit nicht um mich, leiteten aber eine neue Erzählung ein, wurden Mitspielende im Entziffern eingefrorener, gut vor mir selbst versteckter Erlebnisse, zu denen mich in Teilen schon Inselito zurückgeführt hatte. Da die Erinnerungen an Schreckverdichtetes nicht zu jedem Zeitpunkt unseres Lebens aushaltbar, wenn auch oft erinnerbar sind, bringen sie sich erstmalig nicht nur in Versatzstücken, sondern in Zusammenhängen ein, wenn wir bereit sind, sie zu betrachten, und die Kraft haben, das Gesehene stehen zu lassen, es nicht wieder verdrängen zu müssen. Pablo und Paloma leiteten genau hier die Schmelze ein, die notwendig war, um zurückzublicken und zu sehen, was die bezeugte und erlebte Gewalt nicht nur mit den Tieren meiner Kindheit, sondern auch mit mir selbst gemacht hatte. Die Tiere, meine alten Verbündeten, öffneten den Kanal mit den Empfindungen und Nöten meiner Kindheit, die ich an den inneren und äußeren Schwellen erlebt hatte. Zum ersten Mal verstand ich, dass ich nicht nur mit den Tieren gelitten hatte, sondern auch selbst Angst hatte, so von den Menschen behandelt zu werden wie die Tiere. Weil ich sie als gleichwertige Wesen empfand. Doch in all diesem Nachfühlen, Spüren und Empfinden sah ich meine neuen Katzen nicht ein einziges Mal. Sie versteckten sich wochenlang. Unbewusst hatte ich offenbar angenommen, dass sie ihr Verschrecktsein schnell aufgeben und ganz rasch in mir eine Verbündete erkennen würden. Aber auch bei Tieren geht es immer um Vertrauen. Zwar von Natur aus da, wächst es auf die den Beziehungen gemäße Weise, es wird sichtbar und verbindet, gestaltet und macht das gemeinsam ins Lebendige Geholte augenscheinlich. Vertrauen braucht Zeit, Fürsorge und Zugewandtheit, ein Denken im Anteilnehmen. Das bloße Haben- und Besitzenwollen stört dieses im Inneren entstehende Gefüge. Im langsam wachsenden Gewebe der Verbindung spielen sich Bewegung, der Klang, die rhythmischen Eigenheiten etwa von Schritten oder auch der eigenen Stimme in einen Raum ein und stoßen dort ein spezifisches Lernen an.

Erst als ich meine Ungeduld überwinden und auf das Geschenk der Erscheinung warten konnte, ließ ich auch innerlich den Druck los, etwas tun zu müssen, damit Pablo und Paloma sich mir zeigten. Es dauerte dann noch zwei, drei Monate, bis die Tiere sich nicht mehr versteckten, aber ich sah, indem ich den Wunsch aufgab, etwas *machen* zu wollen, dass sie sich erst unsichtbar machen mussten, um sich an mich und meinen Körper, an die Wege durch die Wohnung, an meine Art zu gehen und alle anderen Geräusche zu gewöhnen. Erst aus der eigenen Erfahrung heraus fassten sie eines Tages Vertrauen in mich und beschenkten mich mit einem kostbaren Anschmiegen – beide kamen zeitgleich unter dem Sofa hervor und blieben dann für immer sichtbar. Als ich ihre vollkommene Schönheit, ihre Eleganz und Weichheit bestaunte, kam es mir immer rätselhafter vor, dass ihnen irgendjemand etwas antun konnte. Die Katzen sind ein Bild der Seele für das stille Glück des Hierseins. Ihre direkten Blicke, ungetrübt und voller Wachheit, erzählten mir von diesem Glück ohne Zielgerichtetheit, ohne Wünsche. In diesem Erkennen blitzte eines Tages die Erkenntnis auf, dass nicht ich sie, sondern sie mich ausgesucht hatten und wir so füreinander sein konnten, ohne Hüllen, ohne eingefrorene Erinnerungen, aber im wachsten Aufbruch zueinander, jeder Moment ein Beben im Verstand und ein Lieben von Fell und Hand. Gleichsam von allein suchte mein Körper nach einem Gespräch. Aus der Rückschau betrachtet wird mir klar, dass die beiden Katzengeschwister mir in meiner Berliner Hochparterrewohnung von einer anderen ihrer Artgenossinnen angekündigt worden war. Ich nannte sie Frau Mozart. Kurz nach meinem Einzug in diese neue Wohnung wurde die Fassade des Hauses renoviert. Jedes Mal, wenn ich Mozart hörte, kam eine Katze über das Gerüst an mein Fenster gesprungen, schlich auch mal in die Wohnung, wenn mein Fenster geöffnet war, sah sich um und gab mir zu verstehen, dass auch sie in diesem Haus lebte, unterwegs war, wie es ihr beliebte, um wichtige Nachrichten an Leute wie mich zu überbringen. Als Pablo und Paloma aus dem

Tierheim zu mir kamen, ließ sich Frau Mozart dann nie wieder blicken. Es schien, sie habe ihre Mission erfüllt und denke nicht daran, noch einmal zu kommen. In der Stille zwischen mir und den Tieren entstanden neue Verbindungslinien, Blicke, ein Gewahrwerden, das sich auch auf die feinen Bewegungen ausrichtete, ohne zu erschrecken. Sonst war ich selbst auch immer sehr schreckhaft gewesen, bei den beiden Tieren blieb mein Körper ruhig und lernte die Anwesenheit anderer Körper als etwas Wohltuendes kennen. Genauso wie die Katzen sich vor mir versteckt hatten, um zu sehen, welche Vibrationen von mir kamen, hatte auch mein Körper sich vor den Katzen positioniert, in Erwartung eines großen Gesprächs, das ihm dann auch zuteilwurde. Ob es an solchen Erlebnissen liegt, dass ich nun seit fast dreißig Jahren kein Fleisch mehr esse, kann ich nicht genau sagen. Aber ich kann die Not und das Trauma vieler Menschen tief nachempfinden, die im Zweiten Weltkrieg Hunger litten und ihre eigenen Haustiere essen mussten, um zu überleben.

»Der Tag wird kommen, an dem der Gedanke, dass die Menschen der Vergangenheit zu ihrer Ernährung Lebewesen züchteten und abschlachteten und ihr Fleisch in gefälligen Portionen in Schaufenstern ausstellten, sicher den gleichen Widerwillen einflößen wird wie die kannibalischen Mahlzeiten der (... amerikanischen, ozeanischen oder afrikanischen) Wilden«, notiert der französische Ethnologe Claude Lévi-Strauss in seinem berühmten Text *Wir sind alle Kannibalen.* Ist also das Essen der Tiere nur eine Episode unserer Unterhaltung mit ihnen? Ich erlaube mir darüber kein Urteil, denn ich spürte einmal selbst, dass ihr Fleisch mir half, mich in einem Kontinuum des Gebens und Nehmens zu verorten, in dem auch ich mir etwas von einem anderen Lebewesen nahm, um zu leben. Nach einer viele Stunden währenden langen Wanderung im Gebirge auf der Insel Korsika war ich völlig ausgehungert und griff danach nach der erstbesten geräucherten Wildschweinwurst. Ich aß sie ohne irgendein Gefühl von Schuld, aber dafür voller Dankbarkeit. Dieser Appetit hatte sich schon einige Wochen vorher angekündigt, immer wieder hatte ich das Gefühl, wieder Fleisch essen zu können. Viele Jahre war ich mir darüber im Klaren, dass ich eine Abneigung gegen Fleisch nicht nur wegen meiner Liebe zu den Tieren hatte, sondern weil mein Vater manchmal nichts anderes als Fleisch gegessen hat und ich schon als Jugendliche immer weggesehen habe, wenn er gierig nach den fettigen Stücken der Schweine und Lämmer griff. Ich verband diesen ausschließlich auf Fleisch ausgerichteten väterlichen Appetit mit Gefühlen tiefen Ekels, war also viele Jahre gar nicht in der Lage, frei zu wählen, sondern lehnte aus dieser inneren Verfasstheit heraus das Fleisch der Tiere als Essen einfach ab. Als es mir wieder möglich war zu wählen, griff ich auf Korsika offenbar intuitiv nach der geräucherten Wurst, die mich mit meiner südeuropäischen Kindheit verband. In der Woche darauf bestellte ich mir in Berlin ein Kalbsschnitzel, aß es genüsslich, bestellte bei nächster Gelegenheit wieder eins. Nach ein paar Wochen kam dieses Bedürfnis, Fleisch zu essen, an ein natürliches Ende. Eines Tages biss ich in mein Schnitzel und die Festigkeit des Fleisches entsetzte mich. Ich merkte, dass ein Widerwille in mir aufstieg, meine Zähne wollten nicht mehr zubeißen – ich ließ ab vom Kälbchenfleisch. Es lag nicht an der sogenannten Qualität des Fleisches, ich saß in einem der besten österreichischen Restaurants in Berlin; es lag tatsächlich an der mit einem Mal erfassten Zähigkeit des Fleisches, der einem anderen Körper, einem anderen Lebewesen gehört hatte. Dieser Körper entzog sich meinen Zähnen, ließ sich nicht einverleiben und machte mir damit eine erste echte Entscheidung möglich. Zum ersten Mal schreckte etwas nicht nur seelisch, sondern rein physisch in mir davor zurück, Fleisch zu essen. Es war nicht der alte Ekel, es gab keine Schuldgefühle, die alte Beschriftung aus der Kindheit hatte nichts damit zu tun. Es geschah einfach. Ich war am Ende einer Erfahrung angekommen. Seitdem esse ich hin und wieder das, was die Tiere uns geben, ohne dass sie dafür getötet werden müssen. Die alten Tötungserlebnisse der Tiere hatten eine Art Denkweg zu meiner Freiwilligkeit gebaut. Auch Hühner kann ich nicht essen. In der frühen Kindheit hatte ich sie viele Male kopflos über den dalmatinischen Hof rennen gesehen, nachdem ihnen die Köpfe abgehackt worden waren. Das Leben in ihren kleinen Körpern bewegte sich weiter im Kampf ums eigene Sein, während es eine Blutspur hinter sich zog und mich mit seinem Rot aufrüttelte. Auch in unserer winzigen hessischen Wohnung wurde ihr Blut ein roter Appell an meine Liebe. Meine Mutter schlachtete in unserem Badezimmer verbotenerweise Hühner. Während sie das Messer kundig in den zitternden Leib stach, sagte sie immer wieder, ein frisch geschlachtetes Tier trage noch alle guten Sachen in sich. Mir wurde die unbehagliche Aufgabe zuteil, das Badezimmer nach der Schlachtung zu reinigen.

Das Blut klebte an den Kacheln und tagelang roch ich den Tod und ging ich mir selbst verloren, ging innerlich zu anderen Menschen hin, zu anderen Verwandten, zu Gott und den Engeln, bitte bringt mich weg hier, bitte macht etwas, bat ich, aber meine Bitte wurde mir nicht erfüllt. Ich ging zurück ins Badezimmer, blieb wie Hagar bei ihrer Herrin bei meiner Mutter, der gebieterischen Befehlsgeberin. Während ich sie ansah, wünschte ich mir ein Leben ohne Blut, wünschte mir mein eigenes Leben. Doch was war das genau? Ich musste es herausfinden. Ich fand es heraus. Es dauerte lange, dauert immer noch, alles Wesentliche dauert und die anderen Menschen und Tiere helfen, die Dauer zu finden, nicht nur die Zeit, nicht nur das Vergehen der Zeit, sondern ein Bleiben in jener Dauer, die uns das mystische Paradoxon zuspielt.

Manchmal übergab ich mich beim Putzen des Badezimmers. Mutter sagte, stell dich doch nicht so an, wenn ein Krieg ausbricht, wirst du stark und gewappnet sein, dich wird das Blut wie andere nicht erschrecken. Vielleicht sprach sie nur über sich, vielleicht war das gültig für sie, war es die Erfahrung ihrer Zeit, ihrer Kindheit, hatten der Zweite Weltkrieg und vor allem seine Folgen sie in ihrer Kindheit so erschreckt, dass sie den Schrecken immer wieder in ihr Leben holte. Auch wenn mich das Blut der Tiere bis heute in Alarmbereitschaft versetzt, habe ich doch Fragen, die über mich hinausgehen – wie kam es genau dazu, dass meine Mutter in der Lage war, das große Brotmesser in ein Huhn zu stechen, mitten in einem bundesrepublikanischen Badezimmer? Ich weiß es nicht. Ich kann nur mutmaßen, fühlen und zurückschauen, damit ich nicht eine der Matrjoschkas werde, die sich von Generation zu Generation in Familien ineinander verquicken. Wir wissen nicht viel von den inneren Erlebnissen und seelischen Gleichungen der anderen nahen Menschen. Oftmals haben auch sie Gewalt erlebt, auch ihnen wurde etwas genommen. Die Tiere bündeln im Leben meiner Familie unsere von Gewalt durchtränkten Erzählungen, die Tiere sind unsere Verwandten, die unsere abgeschnittenen Zungen nicht hinnehmen und an unserer Stelle sprechen. Sie arbeiten mit den Schnittmengen unserer Gedächtnisse an einer anderen Welt und an einem Frieden, der sich in den sphärischen Gesprächen, die wir miteinander führen, schon jetzt zeigt. Walter Benjamin hat einmal von den Tieren als unseren jüngeren Brüdern gesprochen. Ob sie jünger oder uns in Zeit und Raum ebenbürtig sind, ist ein großes Thema und verdient eine eigene Abhandlung. Nach Benjamin sind die Tiere in jedem Fall eine mögliche Verbindung zu einer »Zeitfigur des Friedens«, die uns unsere inneren Bühnen sichtbar machen können.

Die Metamorphose verbindet alle Lebewesen. In der Verwandlung sprechen wir zueinander und sind einander Sinn und Lebensrichtung. Die Natur redet uns auf der Seinsebene an und zeigt uns durch den Grad unserer Hinwendung, was wir an Verbindendem in uns tragen. Die erfahrene Gewalt am eigenen, aber auch die an den Körpern meiner Kindheitstiere, der Tiere, die ich als Erwachsene als meine Lebensfreunde erlebe, hat mich an einen bebenden Rand versetzt, an dem eine erhöhte Wahrnehmung in mich Einzug halten konnte. Dieser Weg ist wie alles in der Natur fordernd, ein Lehrer, der mich viele Male in eine innere Wüste, in eine

Zone großer seelentektonischer Verschiebungen gebracht hat, die zu einer anderen Art von Sehen führt. Bis dieses neue Sehen Wirklichkeit wird und die Befreiung von der Gewalt im Außen und ihrem Archiv in meinem Inneren formen konnte, musste ich durchhalten – weitergehen, weitermachen. Beim Abwaschen des Blutes im hessischen Badezimmer etwa dachte ich, wenn ich das jemandem später erzähle, wird mir niemand glauben. Ich sah mich in einer Zukunft auf diese Szene, auf diese blutbedeckten Kacheln schauen, sah das vorher noch lebendige Tier, erinnerte mich an seine vitale Kraft, seine Not, seine Aufregung, seine Verzweiflung, sah das Messer, die blitzende Spitze, Mutters stark zupackende Hand, das in ihren Fingern ausgelieferte Tier, spürte den Kraftakt, den jedes getötete Tier dem Menschen abverlangt, der ihm das Leben nimmt – ich sah, wie der Mutterkörper den Tod wollte, wie er dann diesen Willen in sich fand, auf das Messer übertrug und die Hand ausführen ließ, was eine gute Suppe werden sollte. In diesem Zustand der Bezeugung erlebte ich die Zeit als eine Erzählerin, sie sprang in mir zurück, stellte die Zeiger so, dass ich sie genau sehen konnte, auf dem Hof der Kindheit und zu den dort geköpften Hühnern, im Badezimmer der nahenden Jugend und dem warmen Tierblut dort. Ich sah auch den Kindheitshof meiner Mutter, ihre Not, ihre geraubte Kindheit und Jugend und dass sie nie ein Leben für sich haben konnte, sondern immer eingebunden war in das, was Arbeit war, in das, was den Hunger stillte. Sie hatte das Töten der Tiere früh gelernt. Dafür musste in ihr das Kindsein getötet werden. Und dafür wurde es auch getötet.

Die Zeit durchdrang mein Bildarchiv, sprang aus ihm heraus und in eine Zukunft hinein, die ich noch nicht kannte, an die ich aber in diesem Moment der roten Entladung dachte. Es war eine Zukunft, die um mich wusste, die etwas anderes als das in Gewalt Erlebte wollte. Aus dieser Zukunft sah ich auf das getötete Tier, von dem ich anderen erzählen wollte, irgendwann, irgendwo, wenn es leiser um mich geworden sein würde. Doch jetzt noch stand ich auf einem Stuhl, um Mutter zu helfen, um ihr alles reichen zu können, was sie für das Präparieren, Schneiden und Auseinandernehmen des Tieres brauchte, das nun schon in Windeseile gerupft wurde. Im Bad dampfte alles noch vor Hitze, das siedend heiße Wasser, das über den Federn ausgegossen wurde, ist schon weggeflossen, alles ist schon weggeflossen, das Blut, die Erinnerung, das Bild der zupackenden Mutterhand. Ich drehe mich zur Seite, winde mich weg, um dem Gefühl der langsam aufkommenden Übelkeit auszuweichen, aus Angst auch, mich bloß nicht über dem Tier zu erbrechen, das Mutter so kostbar ist. Und als ich mich zur Seite drehe, schaue ich durch Fügung in den kleinen Badspiegel, sehe Blutflecken wie Sterne auf meinem bleichen Gesicht. Ich sehe aus wie jemand, der wochenlang oder sein Leben lang, ja immer und immerzu im Wald gewohnt hat und in mir steigen die Worte der frühesten Kindheit auf, die alle immerzu sagten, um den Sozialismus auszuhalten, um das Leiden auszuhalten, um eine Krankheit auszuhalten, um einen trockenen Sommer auszuhalten, in dem nichts wachsen und der die Vorratskammer leer lassen würde – *potrpi, potrpi,* halte aus, halte aus. Mit elf oder zwölf Jahren stehe ich in diesem hessischen Badezimmer und das Blut des Tieres in meinem Gesicht bringt mich mit diesem Wort, mit dem Atem des Durchhaltens zusammen, eine Verabredung, die wirksam ist. Schlagartig begreife ich, dass ich da wie ein uraltes Waldwesen stehe, von der Welt vergessen, ein erster Mensch, der seiner Rolle nicht entkommen kann und auch nicht wird, bis der Spiegel etwas anderes sagt, bis er mir etwas anderes zeigt.

Damals auf dem Stuhl, den meine Mutter auf dem Sperrmüll gefunden hatte, ist all das noch keine Sprache, noch keine Gedankenwelt, es ist nur dieses eine Wort, in dem ein Gedanke steckt, eine Traumanweisung, eine Lebensrichtung: *potrpi*, *potrpi*, *potrpi*. Halte es aus! Und diese Anweisung, dieser Imperativ meiner Seele weist mir den Platz in Sekundenschnelle zu, webt mich in eine Zukunft ein, die mich ganz ruhig macht. Innerlich halte ich es schon alles aus. Ich gehorche Mutter und ihren Anordnungen, ich steige vom Stuhl, krempele meine Hosen bis zum Knie, mache einen großen Schritt in die Badewanne, zum toten Rot der Tiere, zum klebenden und so sichtbaren Blut, reiche ihr fast noch im Dampf das Tier in Stücken. Ich dusche meine Füße ab, hole Schmierseife aus der Putzkammer und putze und putze, erst ist der Schaum rot, Schaum so rot, wie Blut eben nur rot sein kann, dann wird das Rot langsam rosa, so ungefährlich schön wie eine Sommerblüte rosa ist, weichweiches Rosa, wie ferne Wolken an einem unschuldigen Abend beim Sonnenuntergang, es wird immer sanfter und drückt noch lange so sanft auf mein Herz, als wollte es mir durch die Verwandlung der Farbe etwas erzählen, mir sagen, dass die Bezeugung des Todes auch eine Anteilnahme der Verwandlung ist, die von einer Farbe kommen kann. Immer leiser wird das Blut im Rosa, bis es irgendwann verschwindet und nur noch der Hauch einer Erinnerung daran da ist. Ich nehme noch mehr Seife, nehme noch mehr Wasser, von allem mehr, als es eigentlich nur noch Sauberes zu sehen gibt. Dann ist alles verschwunden, die gesamte rote Erzählung ist weg und mit ihr die Gewalt. Zwischen den Kacheln aber entdecke ich sie noch hier und dort, in den Fugen sitzt sie, die Versprenkelung dieses Tages, ich dusche auch sie ab, das Wasser hilft, das Wasser liebt diese Verwandlung und sie kommt mir zupass, diese heilsame Ausdünnung des Todes. Bald ist alles in diesem Badezimmer so, wie es schon immer war, ein hessisches Badezimmer ist es nun wieder wie jedes andere auch. Die Wanne leuchtet mich weiß an. Die Toilette. Das Waschbecken, der kleine Spiegel, die grünen Kacheln aus den Siebzigerjahren. Alles ist wieder zu sich selbst zurückgekehrt, nur ich nicht, ich bin noch zwischen den Welten verfugt, vermisse das lebendige Tier und die Achtzigerjahre haben eine neue Mitte, sind noch da, gewiss, wie alle Zeit da ist, aber die Zukunft ist nun nicht mehr nur ein Wort, sondern ein Hafen, zu dem ich hinwill. In der Ferne höre ich die Stimme meiner Mutter, während ich begreife, dass an mir noch das ganze Rot des Tieres klebt. Ich ziehe mich langsam aus, werfe alles auf einen Haufen, stelle mich unter die Dusche und lasse lange das Wasser seine Arbeit machen. Das Wasser verwandelt mich in einen Menschen mit einer eigenen Zeit, mit einem eigenen Gefühl für das Atmen, ich bin ein Kind in einer Welt, die mir für immer die Augen des Kindes genommen hat. Ich bin Zeit und Raum. Und ich werde niemals mehr zurückkehren in den Zustand vor der Empfängnis des Todes. Ich werde diesen Tod und alle anderen Tode mit einem Mal nicht mehr aus mir wegstreichen, das Leben nur so, nur mit diesem Rot, mit dieser Mutter, mit diesem Badezimmer leben können. Das Blut ist abgeflossen in die deutsche Kanalisation. Ich trockne mich ab, ziehe etwas Neues an und ich rieche das Huhn in der Küche, sehe Mutters Hände, auch vom Wasser gereinigt, alles sieht aus wie immer. Noch heute frage ich mich das, was ich mich damals nicht gefragt habe – wo eigentlich meine Mutter dieses Huhn herhatte, wo in der hessischen Provinz es denn Tiere zu kaufen gab, die zu schlachten im Badezimmer streng untersagt war. Aber der Spiegel hängt da noch jenseits der Wirklichkeit, an der sich diese Fragen sortieren. Jahrelang hängt er da. Obwohl das Blut von meinem Gesicht, von meinem ganzen Körper weggewaschen ist, sieht mich das versprenkelte Rot auf meiner Haut dort immer an und alle zukünftigen Spiegel werden Zuarbeiter innerer Welten. Im Außen zerspringen sie in meinen Händen immer dann, wenn ich mich ausgesetzt fühle. Sie zeigen mir meine Aufbrüche, ihre Notwendigkeit, die zu Umbrüchen in meinem Sehen führen, und immer wieder wasche und wasche und wasche ich mir das Alte ab, wie ich einst das Rot des Tieres abgewaschen habe, und gestatte einer neuen Frage, an Raum zu gewinnen, obwohl ich lieber wegrennen als in die Antwort hineinleben möchte: Wer bist du jetzt? Wer kannst du sein, wenn alle und alles verschwunden ist, was dich an ein Damals bindet? Wenn du fühlst, dass deine

Mutter Teil eines Spiels ist, das sie sich nicht ausgesucht hat, wie du selbst auch.

Mutter hatte das Tier getötet. Aber mich wollte sie nicht töten, oder doch? Obwohl es sich damals so angefühlt hat und jede Gewalt diesen Augenblick des Gemeintseins in sich trägt, da der Mensch, *der die eine Tat* vollzieht, auch alles andere tun kann. Zugleich ist das tiefere Sehen, das mir auf dem Stuhl im Badezimmer zuteilwurde, auf meinem Lebensweg nicht anders als so zu mir gekommen. Vielleicht hat etwas in mir damals verstanden, dass die Zukunft mich beschützt, dass sie mich kennt, dass der Gedanke, einmal vom Vergangenen erzählen zu können, schon die Überwindung der Gegenwart, schon ein Lebenwollen und ein Weiterleben ist. Zudem half mir das im Badezimmer geschlachtete Tier, etwas wahrzunehmen, was ich erst viele Jahre später und im Grunde genommen erst jetzt in aller Deutlichkeit beim Schreiben dieses Textes vollends in mich aufgenommen und bis ins Innerste verstanden habe, besser noch – es hat mich verstanden: Was Mutter tat, was Gewalt tut, das findet gleichsam wie von mir abgetrennt statt, ich stand dort und zugleich außerhalb, sah und bezeugte das Geschehene. Indem dies geschah, versetzte es mich in ein anderes Sein. Die innere Instanz des Betrachtenden verbündete sich mit mir und bildete eine Brücke zum zukünftigen Gedächtnis. Dieses nicht bloß willentlich auf mich genommene Bündnis schrieb sich in mich ein, half, ohne mein Zutun eine andere Art des Sehens als das für mich grundlegende einzuleiten. Immer waren es Tiere, die mich an diesen Schwellen des Schauens begleiteten, immer waren sie es, die mir Brücken für die Erinnerung und für das bauten, was ich heute *ein anderes Leben* nennen würde. Ein Leben, das es, so sagte ich es mir damals, doch irgendwo geben musste, ein Leben in Hinwendung und Behutsamkeit, ein Leben in Sanftmut und Freundlichkeit jenseits von Gewalt. Ich erinnerte mich an dieses Fragen und Erkennen, als meine Tochter kürzlich wissen wollte, was eigentlich Krieg sei. Ich fing an zu erzählen, was Gewalt ist, kam aber an eine Grenze. Das eine und das andere Wort waren neu für sie. Der Angriffskrieg auf die Ukraine hatte ihr diese Aufstockung in ihrem Vokabular zugespielt. Und ich wusste nicht, wie ich ihr das Konzept des Krieges erklären, wie ich ihr erzählen konnte, was das ist – Krieg. Ich konnte es auch deshalb und vor allem nicht, weil ich in diesem Moment verstand, dass sie es wirklich nicht wusste. Als vierjähriges Kind hatte sie im wahrsten Sinn des Wortes keine Vorstellung davon. Es war nicht in sie eingeschrieben, ein ihr unbekanntes Konzept. Ich verstand, dass Gewalt etwas ist, was wir erlernen, und sagte meiner Tochter, dass ich es im Grunde auch nicht genau wisse, dass ich nur nacherzählen kann, wie und wenn es passiert. Doch dieser kleine Moment verband mich mit den Bildern der selbst erlebten Gewalt, mit den eigenen, persönlichen Bildern, aber auch jenen ersterlebten Bildern in den jugoslawischen Kriegen. Ich dachte zurück an die Augenblicke tiefer Erschütterung, die aus der Unbegreiflichkeit der Kriegsgeräusche rührte – als ich das erste Mal vor unserem dalmatinischen Haus stand und in der Ferne, an der bosnischen Grenze, Schüsse hörte. Sie schießen aufeinander, hieß es. Sie schießen, die Menschen schießen, sie beschießen sich. Und ich lief ins Haus und wartete auf die Abreise nach Deutschland, denn es hieß auch, wir müssen früher aufbrechen, wir müssen schon morgen zurück, hier wird geschossen. Draußen bellte der Hund, der Nachfolger jenes Hundes, dem die Gewalt ein Auge ausgeschlagen hatte. War es die gleiche Gewalt, fragte ich mich, die die anderen Lebewesen an der Grenze aufeinander schießen ließ? War es die gleiche Gewalt, der gleiche Zorn, die gleiche Wut, die gleiche Ungehaltenheit, die in Mutters Hand wohnte, wenn sie auf Tiere und Kinder einschlug? Was ist das, was die Menschen schlagen lässt, fragte ich mich, während wir unsere Koffer packten und der Hund bellte und der Mond leuchtete und wir in den Bus stiegen und nach Hessen fuhren, gerade noch rechtzeitig, wie betont wurde, als es wirklich losging, das Schießen, das Morden und das Sterben.

Keiner von uns weiß bei seiner Geburt, was Gewalt ist. Dieses Nichtwissen ist auch ein Wissen. Etwas in uns Menschen weiß um die Ganzheit und die Möglichkeiten des Friedens. Und mit jedem geborenen Menschen, mit jedem Anfang fängt die Unschuld von Neuem an, fordert uns heraus und lässt uns im Namen dieses neuen Wesens in den Zustand der Zeugenschaft treten. Der Esel und der Hund meiner Kindheit, alle Tiere, die getöteten und die am Leben gelassenen, haben mich an der Schwelle zwischen Erinnerung und Vergessen auf die Seite des Gedächtnisses und des Gedenkens gestellt und dort, an diesem sphärischen Ort des Sehens und Verknüpfens, haben sie mir die Kraft geschenkt, in jenen Zustand des Aushaltens zu kommen, der auch ein Schauen in sich bereithält. Dieses geheimnisvoll starke, mystische Momentum des Lebendigen und die Erfahrung, dass lebendige Wesen Gewalt erfahren, hat mich gelehrt, dass zwar in unserer Welt immer getötet werden kann, dass aber das Lebendige nur im Einzelnen stirbt, wenn er sich innerlich selbst der Gewalt unterwirft, indem er sie als die einzige und ganze Wirklichkeit des Lebens anerkennt und sie dann auch selbst ausübt. Ich habe die Gewalt nie als die einzige Ebene des Seins erlebt, selbst dann, wenn es so zu sein schien, die Schwelle, der Ort der Bezeugung, die Augen der Tiere, der Blick aus der Ganzheit hat mich davon abgehalten, der Gewalt das Leben zu überlassen.

Mit Inselito, auf La Gomera, als alles wieder Sprache geworden war, was sich im Spiegel der Kindheit und Jugend vor mir als Beziehung gezeigt hat, kam etwas in Bewegung. Der Hund kam in mein Leben, um mich zurückzuführen, und schenkte mir nicht nur einen neuen Blick auf die Tiere meines Lebens, er unterwies mich auch in die neue und alles verändernde Blickrichtung und führte mich auf unseren Streifzügen über das Tal und die Häuser von Valle Gran Rey nicht nur durch die Schönheit der Natur. Er nahm mich mit in die Unterwelt meiner Erinnerungen und zeigte mir etwas, das mir in der Kindheit lebensrettende Erfahrung war – es gibt eine Liebe der Tiere, die sich von der der Menschen zu den Tieren grundsätzlich unterscheidet und ein Angeschautwerden ist, ein Hiersein im Gewebe des Seins, das alle miteinander verbindet. Leiblichkeit und Gegenwart, das Glück einer bedingungslosen Anwesenheit sind es, die von der Zwischenwelt erzählen, die dem äußeren Blick so leicht entgeht. Jemand, der zwischen die Welten schauen kann, ist Teil dieses Innenraumes, der die Raumzeit und die Seelenzeit miteinander verbindet. Ich werde nie ohne meine Erfahrungen mit den Tieren und ihrem Sterben leben können, es gibt keine Rückkehr in den Raum der Unschuld. Aber es gibt eine neue Bewegung, eine neue Art zu sehen. Meine Augen kehren zur Schwelle zurück und etwas in mir nimmt Verbindung auf, mein Leben wird ein Feldnotizbuch, wie ich es mir bei meinem Studium der Kulturanthropologie in den Vorlesungen gewünscht habe, als ich eines Tages für mich selbst erkannte, dass die Erforschung des Fremden, die Betrachtung und das Verstehen anderer Völker, Riten und Kulturen nur dann in der Tiefe das Sehen und das Sein verändern können, wenn es uns selbst so berührt, dass wir die alten Augen verlieren. Ich bin in meinem Innersten getroffen und das Feldnotizbuch des Lebens sammelt selbsttätig meine Schlüsselerlebnisse ein, nimmt sie in sich auf und zeigt den Weg vom Vergessen zu den Bildern und Gefühlen des Traums und von dort wieder zurück ins Hier, in die erlittenen Tage, die sich im Eis der Erinnerung so lange versteckt gehalten haben, bis ich der Kälte standhalten konnte. Während das Erlebte zur Sprache wird, gehe ich mir selbst entgegen und die Kipppunkte, an denen die Gewalt an meiner Empfindungswelt nagte, werden zu Lichtern an der Schwelle eines anderen Verstehens. Dort wo der Tod war, das Töten und das Zuschlagen, leuchtet mich die Unverwechselbarkeit eines jeden einzelnen Tieres an und ist zeitgleich das Zeichen einer Erinnerungsarbeit, die weiß, jedes einzelne Tier bin ich selbst. Tier für Tier bin ich zurückgegangen, Kipppunkt für Kipppunkt habe ich wie Hänsel und Gretel im Märchen meinen Weg zurück nach Hause gefunden. Das Leben selbst hat den Weg markiert, damit der Weg mich sieht. Ich schreite zurück und zugleich in mich hinein, trete ein in jene anders vernähte Ursprungswelt, die jetzt mein ganz eigenes Lebenslabyrinth als eine logisch aufgebaute Landschaft zeigt. Ich bin damit eingetreten nicht nur in mich selbst, sondern auch in die Zeit des Mythos, und dort stehe ich am Rand des Beginnens und mein Feldnotizbuch hilft mir, mich den äußeren Chronologien zu entziehen, hilft, immer wieder an die Schwelle zu treten und selbst Tier, Mensch, Pflanze, Knabe, Mädchen und flutentauchender, stummer Fisch zu sein, wie es Empedokles einmal beschreibt. Die Einheit aus alledem wusste um mich, als ich am Rand der Karstgrotte stand und hörte, wie dem Esel die Knochen brachen, als mein Großvater ihn im Jähzorn nach unten stieß. Die Alchemie der Zukunft arbeitete schon an mir, als der Schmerz des Tieres mein eigener wurde, meine Trauer um das, was es erleben musste, und mein Abschied von ihm, sein unabänderlicher Verlust. In meinem Körper fand eine Versammlung jener mystischen Fauna statt, die mich liebt. Der auratische Echoraum der Tierwelt fing an, sich mit allem in sich Verknüpften sichtbar zu machen. Indem ich das hier schreibe, erkläre ich mich bereit, der Versammlung zuzuhören und die Stimmen, Beiträge, Leiden und Klänge in eine bewusst gewählte Metamorphose zu tragen. Erinnere dich, sagt die Versammlung erst mit leiser Stimme, mit jedem Blick, den Inselito mir schenkt, kommt eine genaue Erzählung zustande. Diese Ökologie der Wege hat ihre eigene Genauigkeit in sich, ich vertraue ihr und bin nun selbst eine Insel, die weiß, dass sie keine Insel ist. Kein Mensch ist eine Insel. Um mich herum ist Wasser, das alles verbindet und einen Zustand der Spiegelungen in mir ablegt, sodass es kein Zurück mehr gibt. Die anderen Wesen spiegeln nicht nur unsere eigenen inneren Verfasstheiten, wir haben unser und sie haben ihr eigenes Leben. Indem ich die Fäden entwirre und dem Lauf der Erlebnisse folge, sehe ich, dass das Gesehene mich verändert hat. Doch ging es nie nur um mich. Es gibt Zyklen und Verstrebungen im Gewebe der Verbindungen. Als Kind bin ich in diesen Zyklus der Fauna eingetreten, wie Else Lasker-Schüler ihr »mystisches Bureau« betrat, wenn sie ihre Gedichte schrieb. Ich konnte ein Sehen in Beziehungen erfahren. Trotz aller erfahrenen Gewalt bin ich dankbar für diese Grundsteinlegung in die Möglichkeiten des Sehens. Ich wurde mein eigenes insularisches Territorium, das beschriftet wurde, wie jedes Leben auf seine Weise beschriftet wird. Heilung ist die Entfaltung und das Heraustreten aus dem Gewohnten, sie ist ein innerlicher Sprung aus dem Druck, den die Gewalt erzeugt, hinein ins größere Wasser, das mich anders auf meine Insel zurückschauen lässt. Ich habe das Bedürfnis, mich mit einem Wald zu verbinden, mich mit dem Moosgrün zu unterhalten, mit dem überirdischen Blau einer Kornblume, mit der Nässe des Regens, ich habe das Bedürfnis, mich mit Menschen zu umgeben, die diese Gnade des Eingewobenseins kennen, die alle eine eigene Insel sind und von ihren eigenen Schwellen Kunde haben. Ich habe das Bedürfnis, mit dem Wesen der Menschen in Verbindung zu treten, die eine Wiederherstellung als Insel erlebt haben, die nach der Gewalt, Entstellung oder Krankheit anders sehen und dieses neue Sehen ohne Scham teilen, die Tiefe und die Weite, die Frische und die Freundlichkeit, die daraus entstehen, würdigen. Denn alle Menschen, die die Schwelle kennen, wissen, dass dort die Zeit stehen bleibt und eine Flucht vor dem Unabgeschlossenen nicht möglich ist, dass diese uns mehr Kraft raubt, als sie uns Zeit schenkt, und wir auf eingefrorenem Grund gehen, auf dem wir keine neuen Pflanzungen vornehmen können. Im Mythos ist die Zeit ein Bild. Der Todesfluss Styx und seine Zerberusse warten auf uns. Wir sind eine Insel, weil wir keine Insel sind. Mit dem Wollen aufhören, warten, bis das Leben selbst sich organisiert, schauen lernen, welch große Weiten uns umgeben. Das Wasser. Die Erde. Die Sterne. Die Nacht.

In der Dunkelheit lernen die Augen, genauer zu sehen. Erst ist alles nur Nacht, in mir und in unserem kleinen Dorf in Mecklenburg. Allein die Sterne sind zu sehen, Tierkreisbilder einer aus der Vorstellungskraft gehobenen und am Himmel zur Erde des Körpers zurücksprechenden Welt. Ich schaue nach oben. Sekunde um Sekunde sehe ich besser. Etwas im Erkennen erhebt sich in einen Schwebezustand und in all den Jahren des Nachdenkens über die Liebe der Tiere fällt mir ein, dass es Redensarten gibt, die mehr über Menschen erzählen als über Tiere, etwa wenn es heißt, jemand verhalte sich wie ein Tier. Menschengesichter blitzen in mir auf, pulsieren als Zwiesprache, wenn irgendwo in der Dunkelheit etwas vorbeihuscht, ein Reh, ein Fuchs vielleicht, denen dieser Ort genauso gegeben ist wie mir. In der Endmoränenlandschaft meines mecklenburgischen Dorfes wird mir in einer klitzekleinen Sekunde klar, dass die Raubtiere in meinem Leben nie die Tiere waren. Die Raubtiere waren die Menschen. Ich weiß nicht alles über die Begegnungen und Erfahrungen, die mir geschehen oder zuteilgeworden sind. Alles Erzählte ist nur Bruchstücken meiner Wahrnehmung geschuldet, ich versuche sie wie einen zerbrochenen Spiegel zusammenzulegen und zu schauen, was dabei entsteht. Und ich sehe, dass nicht die Gewalt mein Leben bestimmt, sondern das Sehen. Ich kann es immer wieder neu erlernen und bin nicht mehr das ausgelieferte Kind an der Schwelle. Und doch bin ich noch das Kind an der Schwelle, aber eines, das freiwillig die sphärischen Räume durchdringen kann, von denen es umgeben wird. Das neue Sehen verändert den Blick auf Menschen, Pflanzen, Tiere und Orte und zeigt mir das Ganze als einen sprechenden Organismus, in dem die Sphären aller Lebewesen eingeschrieben sind und der sich weitet, verändert, entkernt und öffnet, um weiter zu wachsen, um sich weiter zu dehnen und jenes unendlich tiefe und vielschichtige Archiv in unsere Augen und zu unseren Empfindungen zu tragen, in dem wir sehen können – dass uns alles anschaut, die ganze Zeit über werden wir gesehen und zeitgleich eingeschrieben ins Sehen, das sich immer wieder doppelt und zurückzieht und das uns, an unserem eigenen Vermögen entlang, von den Verflechtungen der gesamten lebendigen Anwesenheit erzählt. Wer weit vom eigenen Lebensort, von gleich welcher Art Zuhause entfernt ist, sieht anders, sieht genauer und fühlt diese entwaffnende Kraft des Sehens bei jedem Schritt. Die wirksame Verbindung und die großen Unterhaltungen zwischen Seinsweisen finden immer in Bewegung statt. Die Rollen tauschen sich aus, und was in einer äußeren Geografie gültig ist, hat erst recht in der inneren verwobenen Landschaft Anspruch auf Wirklichkeit. Während meine äußeren Reisen oft Fluchten waren, drängte das innere Unterwegssein ab einem bestimmten sphärischen Eingebundensein mich in die Wirkkraft anderer Gesetzmäßigkeiten hinein. Die Kipppunkte der Vergangenheit werden zu Übergangsorten in eine Gegenwart hinein, zu Schwellen, an denen nicht wir etwas auflösen müssen. Das einst Geschehene kann ich nicht auflösen. Ich muss es anerkennen. Durch dieses Sehen geschieht die Veränderung und zeigt von selbst eine Möglichkeit, nach innen zu sehen. Die Schwellen der Vergangenheit und die Schwellen der Gegenwart arbeiten durch das Sehen gemeinsam an einem neuen Raum, errichten einen Übergangsort, der das Vorzimmer unserer Zukunft ist. Als ich La Gomera verließ und Lucy das Haus übergab, spürte ich, dass Iselito seine Arbeit beendet hatte. Er sah mir nicht nach, verschwand im Garten und ich ging fort, meine Zukunft kam mir entgegen.

Die Tiere haben mich in meinem Leben immer in Zeiten der Transformation an ihre seismografischen Kräfte erinnert, sie waren und sind meine Verbündeten im Durchdringen unsichtbarer Verbindungen. Sie erzählen mir, dass die Unterhaltungen, die wir von Blick zu Blick geführt haben, nicht sterben können. Die Überzeitlichkeit der sprechenden Beziehungen zeigt über den Umweg der Verletzlichkeit eine Schönheit, die im Kontrast steht zu den äußeren Entfremdungen der von Gewalt, vom Kapital, von Ideologien und Kriegen geprägten Welt. Während alle möglichen Kämpfe in der Welt ausgetragen werden, leben die Tiere ihr Leben, die im Menschen sich selbst sehen. Und Menschen, die in Tieren etwas von sich erkennen, spüren, dass Leben nicht voneinander getrennt ist. Diese implodierenden Grenzen geben einen anderen Gesang in die Welt, etwas Unmögliches findet statt und nur jene, die es erleben, hören auf, andere Wesen zu bekämpfen, sie sehen: Ich bin davongekommen, ich lebe weiter, es gibt nur das Weiterleben mit den uns weitenden Zonen der Nacht. Bevor die Nacht spricht, kippt aber erst unsere Wahrnehmung aus der Verdunkelung heraus und etwas in uns hört für immer auf, aus der Vereinzelung heraus zu leben. Die zerstörerische Dualität der gegenseitigen Auslöschung wird in Überzeitliches überführt, wir begreifen allmählich die wirksame Kraft der Anerkennung, die uns alle durchweht. Die Ingestalten der Tiere vermitteln zwischen den in Identitäten erstarrten Erscheinungen. Sie sind Brückenschlag zwischen Kindheit und Reife, zwischen Gewalt und Sanftmut, zwischen Sichtbarkeit und Unsichtbarkeit. Ihre Unerklärbarkeit, die Arbeit, die sie in der Bildwelt und im körperlichen Sein anstößt, bleibt mir Liebe und Rätsel in einem, Synonyme, die sich am Ende allen Deutungen und Verknüpfungen entziehen und auf das Wilde, die Wildheit hindeuten, auf jenen Innenzeitraum in allem Lebendigen, das nur einen Namen hat, um ihn wieder zugunsten einer neuen Bewegung zu verlieren. Diese schwindelerregende Anwesenheit ist es, die die Tiere mir wie einen Sommertag hinstrecken, um sich wieder von mir und meinen Blicken zu befreien und in eine Farbe einzutauchen, das Türkis des Südens, das Grün des Nordens. Und zwischen ihren Farben und Himmelsrichtungen gehe ich ins tiefere Blau des Erkennens. Solange ich lebe, möchte ich Schülerin dieser Farben sein, dieser Erkenntniswege in der Schwebe zwischen dem Meer der Erinnerungen und dem Aufsetzen der Füße auf Sand, auf Asphalt, auf ein Nichts, in dem alle Farbbegegnungen geboren werden und lange, lange reisen, bis sie hier in meinem Augenblick erscheinen und in meiner Sprache mit allen getöteten Tieren auferstehen, um im knisternden Ganzen alle Worte zu verlieren.

LITERATUR

I Schwellenerlebnisse

FRANZ KAFKA, in: *Du bist die Aufgabe. Aphorismen*, herausgegeben, kommentiert und mit einem Nachwort von Reiner Stach, Göttingen 2019.

EMILY DICKINSON, *Sämtliche Gedichte*. Zweisprachig, übersetzt von Gunhild Kübler, München 2015.

II Magische Umwelten

JAKOB VON UEXKÜLL, *Streifzüge durch die Umwelten von Tieren und Menschen. Ein Bilderbuch unsichtbarer Welten*, Matthes & Seitz Berlin 2023.

TURGENJEW, »Der Sperling«, in: Lew Tolstoi, *Für alle Tage. Ein Lebensbuch*, übersetzt von Christiane Körner, München 2010.

HEINER MÜLLER, »Traumwald«, in: ders., *Die Gedichte*, Frankfurt am Main 1998.

III Risse im Lebensgewebe

VICTOR KLEMPERER, *Ich will Zeugnis ablegen bis zum letzten. Tagebücher 1933–1945*, Berlin 2010.

BRIGITTE KRONAUER, *Die Feder des Hyanzintharas. Drei Texte über Tiere*, Leonberg 2006.

IV Sphärisches Lernen

CLAUDE LÉVI-STRAUSS, *Wir sind alle Kannibalen*, übersetzt von Eva Moldenauer, Berlin 2017.

INHALT

MARICA BODROŽIĆ, 1973 in Dalmatien geboren, siedelte 1983 nach Hessen über. Sie schreibt Gedichte, Romane, Erzählungen und Essays. Für ihr bisheriges Werk wurde sie mit zahlreichen Preisen ausgezeichnet, zuletzt mit dem Walter-Hasenclever-Literaturpreis und dem Mannes-Sperber-Literaturpreis für ihr Gesamtwerk. Bei Matthes & Seitz Berlin erschien bisher *Poetische Vernunft im Zeitalter gusseiserner Begriffe* in der Reihe Fröhliche Wissenschaft.

Die Autorin dankt für die Förderung ihrer Arbeit an diesem Manuskript durch ein Stipendium der VG WORT im Rahmen von NEUSTART KULTUR

Zweite Auflage Berlin 2024

MSB Matthes & Seitz Berlin Verlagsgesellschaft mbH
Großbeerenstraße 57A, 10965 Berlin
info@matthes-seitz-berlin.de

Satz und Umschlaggestaltung: Pauline Altmann, Palingen
Druck und Bindung: Pustet, Regensburg

ISBN 978-3-7518-0951-1

www.matthes-seitz-berlin.de